JN093281

大津宮の内裏正殿跡（西から）

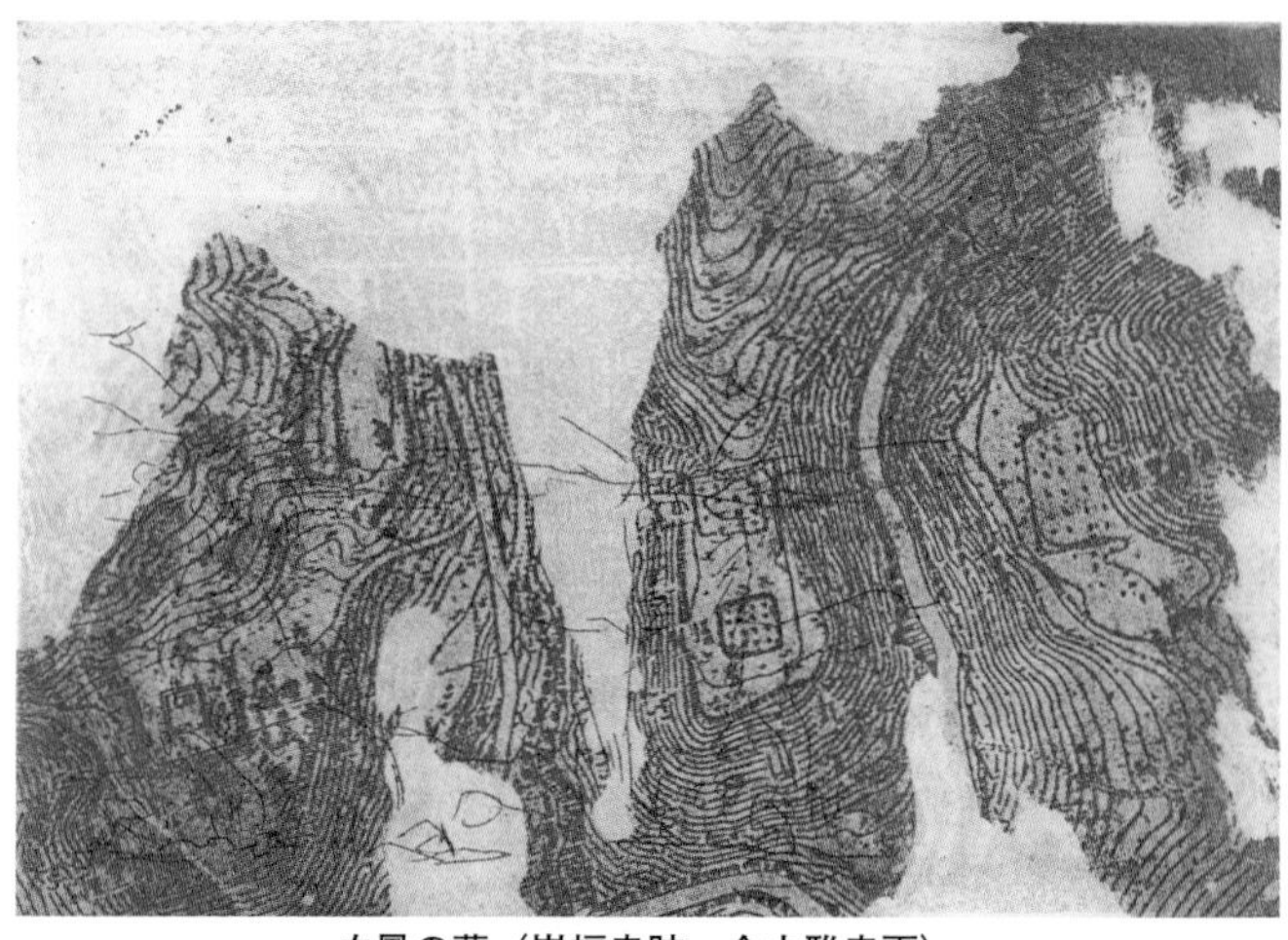

白鳳の甍（崇福寺跡、金山雅幸画）

甲賀寺跡（金山雅幸画）

竜門奉先寺の盧舎那仏（東から）

古代近江の三都

大津宮・紫香楽宮（甲賀宮）・保良宮の謎を解く

小笠原好彦 著

SUNRISE

目次

古代近江の三都——プロローグ

第一部　古代近江の三都を探訪する

第一章　大津宮と内裏

一、白村江の戦いと朝鮮式山城の築城 …… 12
二、唐・新羅軍の進攻に備え山城を築城 …… 15
三、天智天皇と大津宮への遷都 …… 19
四、唐に攻められた高句麗による派兵の要請 …… 22
五、発掘された大津宮 …… 26
六、近江大津宮と内裏の構造 …… 30
七、大津宮遷都と崇福寺の建立 …… 35
八、川原寺の同笵軒瓦を葺いた崇福寺と大津廃寺 …… 40
九、大津京はあったか …… 44
一〇、大津宮跡を歩く …… 49

第二章　紫香楽宮・甲賀宮と盧舎那仏の造立

一、聖武天皇と東国への出立 …… 55
二、聖武天皇と恭仁宮・京の造営 …… 58

郵 便 は が き

お手数ながら切手をお貼り下さい

5 2 2-0 0 0 4

滋賀県彦根市鳥居本町655-1

サンライズ出版 行

〒

■ご住所

■お名前（ふりがな）　■年齢　　歳　男・女

■お電話　■ご職業

■自費出版資料を　希望する ・ 希望しない

■図書目録の送付を　希望する ・ 希望しない

サンライズ出版では、お客様のご了解を得た上で、ご記入いただいた個人情報を、今後の出版企画の参考にさせていただくとともに、愛読者名簿に登録させていただいております。名簿は、当社の刊行物、企画、催しなどのご案内のために利用し、その他の目的では一切利用いたしません（上記業務の一部を外部に委託する場合があります）。

【個人情報の取り扱いおよび開示等に関するお問い合わせ先】
サンライズ出版 編集部　TEL.0749-22-0627

■愛読者名簿に登録してよろしいですか。　□はい　□いいえ

ご記入がないものは「いいえ」として扱わせていただきます。

愛読者カード

ご購読ありがとうございました。今後の出版企画の参考にさせていただきますので、ぜひご意見をお聞かせください。なお、お答えいただきましたデータは出版企画の資料以外には使用いたしません。

●書名

●お買い求めの書店名（所在地）

●本書をお求めになった動機に○印をお付けください。

1．書店でみて　2．広告をみて（新聞・雑誌名　　　　　　　　　）
3．書評をみて（新聞・雑誌名　　　　　　　　　　　　　　　　）
4．新刊案内をみて　5．当社ホームページをみて
6．その他(　　　　　　　　　　　　　　　　　　　　　　　　　)

●本書についてのご意見・ご感想

購入申込書　小社へ直接ご注文の際ご利用ください。
お買上 2,000 円以上は送料無料です。

書名　　　　　　　　　　　　　　　　（　　　冊）

書名　　　　　　　　　　　　　　　　（　　　冊）

書名　　　　　　　　　　　　　　　　（　　　冊）

三、東北道の開作と紫香楽宮の造営……64
四、盧舎那仏の造立と行基集団……69
五、紫香楽宮研究と肥後和男氏……73
六、宮町遺跡で見つかった掘立柱建物群……80
七、判明した紫香楽宮の殿舎配置……84
八、紫香楽宮の離宮と甲賀宮の陪都……88
九、聖武天皇と天然痘の感染拡大……92

第三章　保良宮跡をさがす

一、文献にみる保良宮・京の造営……97
二、これまでの保良宮・京の研究……101
三、保良宮・京の遷都と石山寺の大造営……106
四、石山国分遺跡の発掘とその後の研究……110
五、石山国分遺跡は保良宮か……115
六、保良宮・御在所の構造を想定する……119
七、保良宮跡の擬定地を歩く……124

第二部　古代近江の三都を論ずる

第一章　大津宮とその構造

はじめに……130
一、これまでの大津宮・京の研究……132

二、大津宮の発掘と諸課題……135
三、大津京は存在したか……141

第二章　紫香楽宮と甲賀宮の造営

一、聖武天皇の出立と恭仁宮・京の造営……153
二、紫香楽宮の探索……158
三、検出した朝堂と正殿……162
四、甲賀宮（紫香楽宮）の構造……166
五、宮町遺跡出土の木簡……179
六、紫香楽宮と甲賀宮……189
七、甲賀宮の造営とその要因……198

第三章　保良宮の造営とその擬定地

はじめに……208
一、文献史料にみる保良宮・京……211
二、これまでの研究と保良宮・保良京の擬定地……218
三、保良宮の擬定地とする石山国分遺跡の性格……231
四、保良宮の御在所に対する新たな擬定地の検討……239
五、保良宮御在所の擬定地からみたその構造……248
おわりに……254

古代近江の三都――エピローグ

古代近江の三都——プロローグ

奈良時代に藤原仲麻呂(ふじわらのなかまろ)が編纂(へんさん)した藤原氏の『家伝(かでん)』には、「近江国(おうみのくに)は宇宙(あめのした)に名の有る地(ところ)なり。地広く人衆(おお)くして、国富み家給(そな)う」と書かれている。古代の近江は、琵琶(びわ)湖の淡海を介在させながら、広い平野があり、各地で多くの人たちが生業を営んで富み、豊かな歴史的ドラマが展開したところであった。

とりわけ古代の近江は、政治的な面からみると天智天皇が造営した大津宮(おおつのみや)、聖武(しょうむ)天皇のときに盧舎那仏(るしゃなぶつ)の造立(ぞうりゅう)と深い関連をもって紫香楽宮(しがらきのみや)(甲賀宮(こうかのみや))が造営され、さらに淳仁(じゅんにん)天皇による保良宮(ほらのみや)・保良京が造営されており、いずれも政治の中心地となったところである。

これら三都のうち、天智による大津宮への遷都は、天智六年(六六七)、朝鮮半島での白村江(はくそんこう)の戦いで敗戦した直後のことである。唐・新羅(しらぎ)軍による侵攻に対処するという国家的に危機的な状況のもと、飛鳥から比叡山の東麓、琵琶湖に面した大津の湖畔に遷した宮都であった。この遷都には、軍事的な側面と敗戦後の国家を再建するという意図が内在したものであった。

この大津宮の所在地は、これまで擬定地は複数ありながらも長く不明な状態であった。しかし、昭和四九年(一九七四)以降、大津市錦織で宮殿に関連する建物遺構があいついで検出されるようになり、その実態の一部もかなりうかがえる状態となっている。

平安時代の末期に比叡山の僧皇円が編んだ『扶桑略記』に収録された「崇福寺縁起」によると、この大津宮の西北山中に、天智は国家的な寺院として崇福寺を建立したことを記している。この崇福寺は志賀山寺とも呼ばれ、聖武天皇も崇拝した伽藍の礎石がよく残っている。

大津宮は、天智が没した翌年の六七二年、皇位の継承をめぐって壬申の乱がおこり、近江朝軍が大海人皇子(天武)軍に敗れ、再び宮都は飛鳥に還都した。

その後、日本の古代宮都は、七世紀末に中国的な官人らの居住区である条坊制を有する藤原京が造営されている。しかし、八世紀初頭の和銅三年(七一〇)、大和の最北端部に造営した平城宮・京に遷されている。

平城宮・京は、北に奈良山を背負いながら、三方は大きく開かれた地形からみて、また交通の便などからみて、じつにすぐれた立地に営まれた宮都であった。しかし、聖武は即位して三年後の神亀三年（七二六）、新たに陪都（国都に準ずる都）の難波宮・京を造営し、日本も隋・唐のように複都制を採用している。

この複都制は、中国の隋・唐が政治をおこなう首都の長安城の欠陥を補完するために、隋・唐洛陽城を設けたものであった。しかし、聖武が採用した日本の複都制は、中国の複都制とは少なからず異なる政治理念のもとに採用され、運営されている。

天平十二年（七四〇）十二月、聖武は平城宮・京から山背南端に恭仁宮・京の造営に着手し、遷都した。しかも、恭仁宮・京の造営中の天平十四年（七四二）八月、聖武は近江甲賀郡の山間部に紫香楽宮の離宮を造営し、翌天平十五年十月十五日、その付近で盧舎那仏の造立を開始し、行基とその集団が参画している。

その後の天平十六年（七四四）二月二六日、聖武は、ほぼ完成した恭仁宮・京から難波遷都をおこなった。しかも、難波遷都を宣言する二日前に紫香楽宮へ移り、新たに甲賀宮の造営に着手した。そして、翌天平十七年正月、難波宮・京から、近江甲賀郡の山中に造営した甲賀宮（紫香楽宮）に遷都している。

以上のような平城宮・京から山背の恭仁宮・京への遷都、続く難波宮・京への遷都、さらに近江の甲賀宮への遷都には、未だに解明しえていない課題がじつに多い。しかも、聖武による甲賀宮での国家的な政務は、四月末までで、五月早々に聖武は平城宮・京へ還都した。

この近江甲賀郡に造営した紫香楽宮と甲賀宮も、平成十二年（二〇〇〇）以降の甲賀市宮町遺跡の発掘によって、多くの知見が得られるようになり、その実態と歴史的意義が解明されつつあるといってよい。

さて、平城宮・京へ還都した後の聖武は、間もなく皇女の阿倍内親王に譲位し、孝謙天皇が政権を担当した。しかし、孝謙朝は、母の光明皇太后と藤原仲麻呂が政権を掌握した時代であった。そして、天平宝字二年（七五八）、橘奈良麻呂の変の翌年、孝謙は天武天皇の皇子の舎人親王の第七子の大炊王に譲位し、淳仁天皇が即位した。

淳仁は平城宮の改作を理由として、天平宝字五年（七六一）一〇月、近江に保良宮・京の陪都を造営して遷都した。しかし、この保良宮・京は、淳仁と孝謙太政天皇（上皇）がわずか七ヶ月で不和となり、平城京へ還ることとなった（図1）。

このように保良宮・京は、じつに短期間で廃都となったので、これまで注目されることも少なく、その所在地すら忘れられてきた。だが、近年は保良宮・京が所在したと推測される擬定地に対する発掘調査も少なからず進展し、大津市の石山寺周辺に営まれたという保良宮・京の実態とその歴史的意義も解明されつつある。

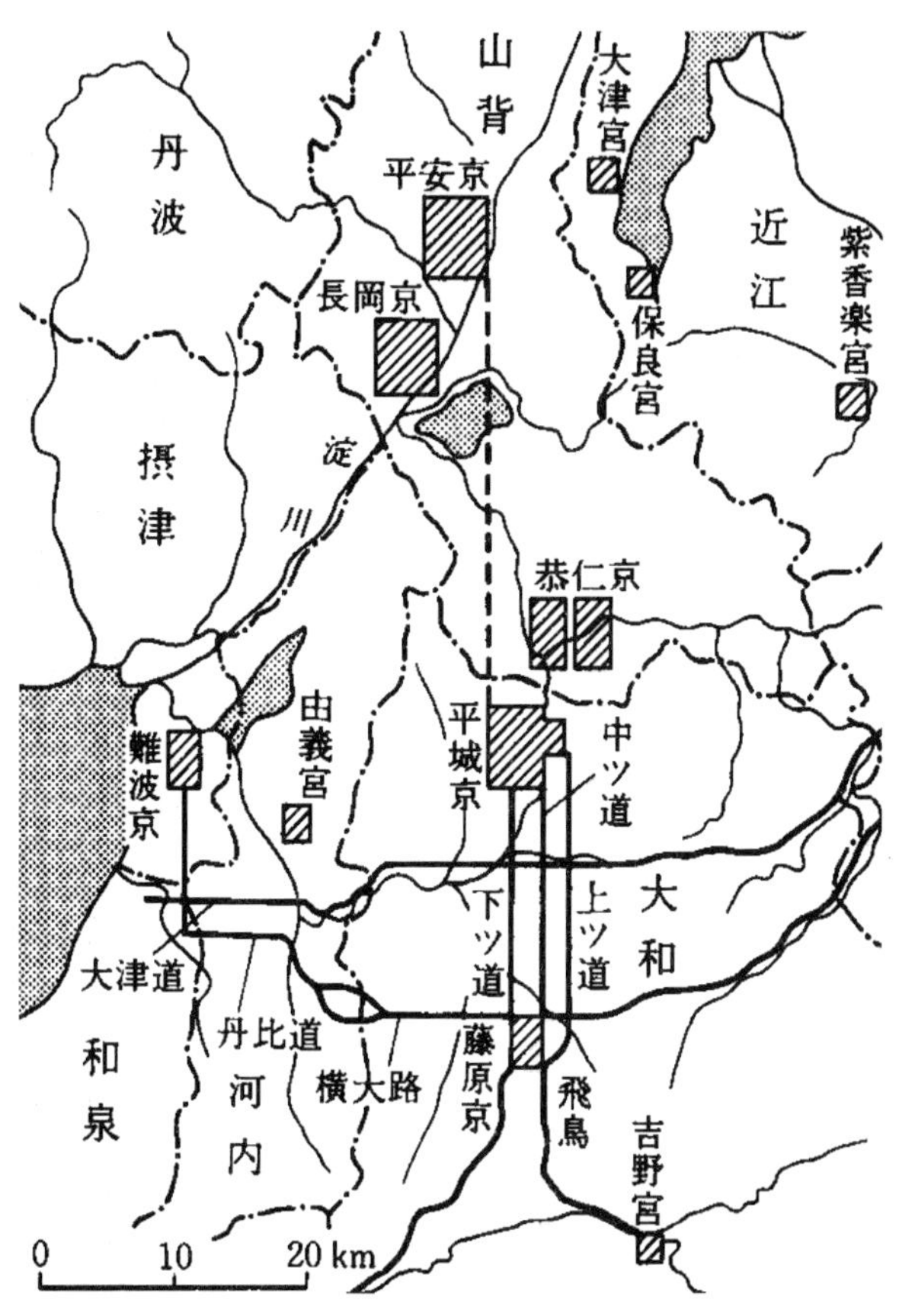

図１　日本の古代宮都（岸俊男『日本の古代宮都』）

本書では、第一部で、古代の近江に営まれた大津宮・紫香楽宮（甲賀宮）・保良宮の三都がたどった歴史を、最新の古代史と考古学の研究をもとに紹介する。そして、第二部では、これらの近江の三都の造営に内在する諸問題を取り上げ、新たな視点から、文献史料と考古学の発掘成果をもとに解明を試みることにした。

第一部

古代近江の三都を探訪する

第一章　大津宮と内裏

一、白村江の戦いと朝鮮式山城の築城

百済の滅亡と斉明・天智天皇の動き

斉明六年（六六〇）九月、百済は、唐軍十三万と新羅軍五万からなる唐・新羅の連合軍に、扶余の泗沘城（扶蘇山城）を攻められ滅亡しました。そこで、その九月に百済の遺臣が飛鳥にあった後飛鳥岡本宮を訪れ、斉明天皇に百済が滅亡したことを伝えました。

一〇月にも、百済の遺臣である佐平（第一等官位）の鬼室福信によって派遣された使者が訪れ、日本にいる義慈王の王子である余豊璋を帰国させ、百済の再興を要請しました。

翌、斉明七年の正月六日、斉明は、筑紫の大津から朝鮮半島へ派遣する兵士らを見送るために、難波津から出航しました。一行は西に進んだ直後、暫く伊予の石湯行宮（道後温

泉）に立ち寄りました。筑紫の那の津に着いたのは三月二五日でした。そして五月九日、新たに造営した朝倉橘広庭宮に入りました。

しかし、七月二四日、斉明が朝倉宮で病没したので、中大兄皇子（後の天智天皇）は即位することなく政権を担うことになりました。

それにしても、なぜ斉明は中大兄皇子らとともに、筑紫へ赴いたのでしょうか。これには、現在の研究では実在は否定されていますが、七世紀前半に神功皇后が筑紫にでかけ、新羅を征討し、服属させたという伝承があったので、斉明も自ら筑紫へ出向いた可能性が少なくないように思います。

さて、政権を担った天智天皇は、九月に余豊璋を百済にかえすため、狭井連檳榔、近江の愛智郡出身の秦造田来津らとともに、兵士五〇〇〇人を朝鮮半島へ派遣しました。

天智元年（六六二）正月、天智は百済の地にいる鬼室福信あてに、矢一〇万本・なめし皮一〇〇〇張など武器と武具を製作する材料、さらに稲種三〇〇〇石など支援物資を送りました。また五月には、阿曇連比羅夫らが軍船一七〇艘を率い、余豊璋らを百済に送りました。

しかし、七月には余豊璋と鬼室福信が仲違いし、豊璋が福信を殺害する事件がおこりました。

天智二年（六六三）三月、天智は前軍の将軍として上毛野君稚子・間人連大蓋、さらに中軍の将軍、後軍の将軍らとともに、兵士二七〇〇〇人を派遣しました。

日本・百済軍が唐・新羅軍に惨敗

そして八月、百済の錦江の河口に近い白村江で、日本・百済軍と唐・新羅軍とによる戦いが展開しました。しかし日本・百済軍は惨敗しました。これは日本・百済軍には、鬼室福信を殺害する内紛もありましたが、圧倒的な軍事力の差がありました。また日本軍側には、外戦に対する不慣れと指揮系統の乱れがあったことも惨敗の要因でした。

その後、唐・新羅軍は、勝利のいきおいにのって日本を侵攻する危険性が著しくたかまりました。そこで、これに対処するため、防御施設を設けることが急務となったのです。

天智は、天智三年（六六四）、対馬・壱岐・筑紫に防人を配し、また烽火台を設け、博多湾から少し南の地に水城を築かせました。そして、天智四年、山城を築く高度な技術を有する百済の遺臣らを派遣し、筑紫に大野城、椽城、長門に朝鮮式の山城を築かせました。また近江の大津宮に遷都した年の天智六年（六六七）十一月、対馬に朝鮮式山城の金田城、讃岐に屋嶋城、大和と河内の境に高安城を築かせました。

二、唐・新羅軍の進攻に備え山城を築城

朝鮮式山城の構造

白村江の戦いでの敗戦後、天智天皇が築かせた朝鮮式山城のうち、金田城は城壁として高い石塁を設け、南門の床面に石敷していました。水城は大きな堤の北に幅六〇メートルの外濠を設け、大宰府側から流れる三笠川を、大堤下に設けた木樋によって外濠に注いでいました。

また大宰府の北の大野城は、頂上近くをめぐる尾根に沿って土を搗き固める版築技法によって土塁の城壁をめぐらし、八ヶ所に城門を造っています。谷には石組した水門を設けていました。また城壁の内部は、中央北寄りの高い所に掘立柱の建物を構築し、食糧を入れる倉庫群も置かれていました。

基肄城も大野城と共通する点が多い山城です。また屋嶋城は、城壁と城門の一部が見つかっています。そして、高安城では城壁の一部と礎石を配した倉庫群が検出されています。

神籠石系山城との共通点

ところで、古代の山城の遺跡には、これらの朝鮮式山城のほかに、福岡県高良山城、女山城、御所ヶ谷城、鹿毛馬城、岡山県鬼ノ城、愛媛県永納山城のように、山上に列石などをめぐらす神籠石系山城と呼ばれるも

のがあります。これまで十六遺跡（筑前四・筑後二・肥前二・豊前二・周防一・伊予一・讃岐一・備中一・備前一・播磨一）が知られています（図2）。

　これらの古代山城は、文献の記録がまったくないので、古くから山城説と霊域説とがだされてきました。しかし、これらは西日本にのみ集中し、しかも近年に発掘された神籠石系山城の御所ヶ谷城、鹿毛馬城、鬼ノ城、永納山城などの発掘調査からみると、朝鮮式山城の構造と共通した構造をなしており、出土した須恵器などから七世紀後半に構築されたものが多いことも知られてきています。

　このような発掘状況から、近年は神籠石系山城と呼び、これらも唐・新羅軍の侵攻に対し、朝鮮式山城と深いつながりをもって構築されたものとみなされています。

　神籠石系山城で、全体の発掘調査が実施され、その後に史跡整備されているものに岡山県総社市鬼ノ城があります。この山城は、土を搗き固めた版築技法による土塁が主体をなし、基礎に列石を配置し、城壁の内外に敷石しています。四ヶ所に城門があり、西北隅に角楼も設け、六ヶ所に水門もあります（図3・4）。内部には中央北部に礎石建物が七棟あり、倉庫群とみなされています。

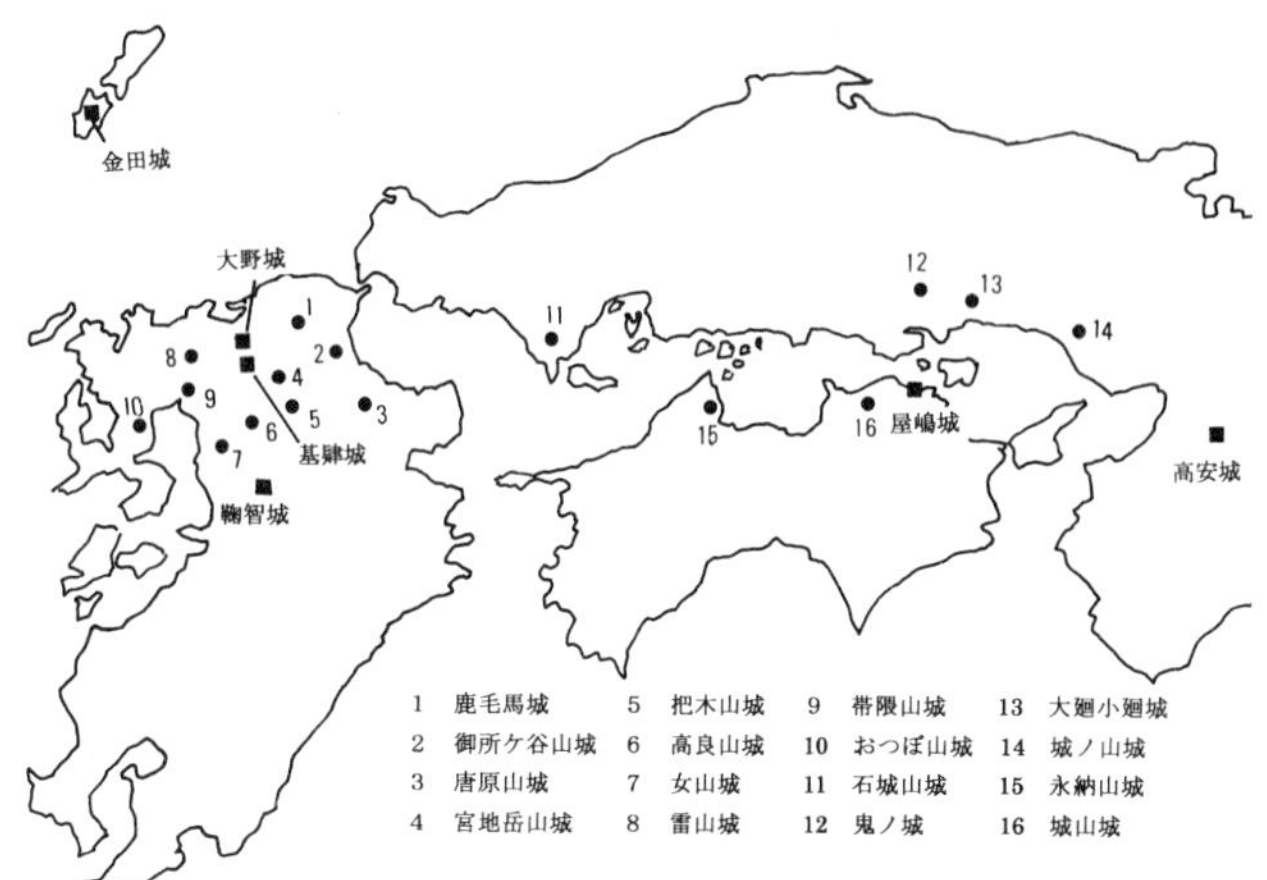

図２　朝鮮式山城の分布

図３　復元された岡山県鬼ノ城跡の西門（西から）

では、このような神籠石系山城は、どのような要因から古代の記録に記載されなかったのでしょうか。

国家と有力氏族による築城

『日本書紀』は、金田城、大野城、基肄城などは、百済の遺臣らの直接的な指導のもとに築城したことを記しています。これらは、まさに天智の指示のもとに、国家によって築かれた朝鮮式山城です。

それに対し、唐・新羅軍による侵攻という国家的に危機的な状況のもと、さらに多くの山城を設けることが不可欠だったのです。そこで、朝鮮式山城の構築技術をモデルとし、国家による財政的な支援を受けながら、九州、瀬戸内海沿岸の在地の有力氏族によって古代山城が築かれたものと推測されます。

図4　鬼ノ城跡の列石（西から）

このように、国家が直接的に造営した山城に対し、在地の有力氏族が国家的な財政補助のもとに構築した朝鮮式山城は、造営主体が異なっており、また壬申の乱のとき大津宮が焼失したこともあり、『日本書紀』の編纂時に資料が乏しくなり、記述から漏れる結果となったのではないかと思われるのです。

三、天智天皇と大津宮への遷都

比叡山と琵琶湖を控えた地へ遷都

天智六年（六六七）三月十九日、天智天皇は飛鳥から大津宮へ遷都しました。ふるく古代史研究者の喜田貞吉氏は、『帝都』（日本学術普及会、一九一五年）で、この大津宮遷都は、白村江の戦い後、対馬、筑紫、長門、讃岐の諸地域に城を造り、さらに大和と河内の境に高安城を設けていること、飛鳥は唐・新羅軍の侵攻を防ぐのに不便な地であるのに、大津は比叡山の天険を控えた要害の地であることと、東国とのつながりをより重視したことによるものとしています。

古代の大津は琵琶湖に面し、難波津につぐ第二の港津の地でした。また東山道、さらに越と呼ばれた北陸道への基点となる地でした。そこで、白村江での敗戦により、唐・新羅軍による西からの侵攻に備え、また強力な政治体制と経済的発展をはかるには、琵琶湖を媒介に東国地域とのつながりを強加できる土地だったのです。

大津宮に遷都した翌年の天智七年（六六八）正月、天智は天皇として即位しました。その後の五月五日、天智は蒲生野に狩りにおもむきました。

蒲生野行きに隠された意図

この蒲生野は、布引山と布施山の北、箕作山の南、愛知川の西に一段高く広い平坦面が広がるところです。『日本書紀』は、この日、大皇弟（大海人皇子）・諸王・内臣および群臣がみな一緒にでむいたと記しています。そして、『万葉集』には、この蒲生野での狩りをおこなった後の饗宴で、額田王が詠んだ、

あかねさす　紫野行き　標野行き　野守は見ずや　君が袖振る（『万葉集』巻一―二〇）

また、大海人皇子が詠んだ、

紫の　にほへる妹を　憎くあらば　人妻ゆえに　我恋ひめやも（『万葉集』巻一―二一）

の著名な歌が収録されています。

天智が蒲生野へ狩りにおもむいたのは、それまでもしばしば催されてきた五月の節句に、

狩りの衣服を整え、野に出て薬草を採る薬猟のためでした。しかし、それのみではなかったのではないかと思います。じつは、この未開発な蒲生野に隣接する地に、三年前の天智四年（六六五）二月、神崎郡に移住させた百済人の男女四〇〇人による開発状況を見届ける意図もあったのではないかと推測されます。翌年の天智八年には、百済人の佐平余自信、鬼室集斯ら男女七〇〇余人を、さらに蒲生郡に移住させました。これは蒲生野の西側でも開発を意図したものとみなされます。しかも、実現に至りませんでしたが、その翌年二月に天智は蒲生での開発地を下見しており、大津宮から遷都を考えていたふしがあります。

近江令と庚午年籍

さて、当時の日本は、東アジアの東端に位置し、遅れた国家だっただけに、大津宮への遷都では、唐の政治体制と文化を取り入れることが急務でした。

天智は、それまで唐へ派遣した留学生らによる情報をもとに、まず唐のように「律令」を制定することが不可欠であると考え、藤原鎌足に「近江令」の撰定を命じたことが藤原氏『家伝』に記されています。これは、ほぼ完成したものとみなされています。そして、これにもとづいて、初めて戸籍の編纂に着手し、六七〇年（天智九）二月に庚午年籍がつくられました。戸籍は税の徴収と兵士を集める前提になるものです。また、なお確認されていませんが、『弘仁格式』に令二二巻と記されているように、天智一〇年（六七一）には、「近江令」を施行した可能性も少なくないのです。

四、唐に攻められた高句麗による派兵の要請

高句麗でクーデター

大津宮へ遷都する前年、天智五（六六六）一〇月、高句麗の使節らが後飛鳥岡本宮を訪れました。これに続いて、『日本書紀』は、「この冬、都のネズミが近江国に向かって移動した」と記しています。山尾幸久氏はこの記事を、高句麗の使節による兵の派遣依頼に対処し、大津に遷ることに着手したものとみなしています（『古代の近江―史的研究―』サンライズ出版、二〇一六年）。

この六六六年、高句麗では莫離支（高句麗末期の特別な官職）である泉蓋蘇文が亡くなりました。この蓋蘇文は、六四二年に長城を構築する監督に任命されていましたが、クーデターをおこしました。このクーデターでは、栄留王を殺し、さらに一八〇人の臣下を殺害しました。そして、王の子の宝蔵王を王につけ、自らは莫離支として軍事・政治の全権力を掌握し、強力に軍国化をすすめました。

唐の太宗は、蓋蘇文による栄留王の殺害を理由に、六四五〜六四九年、高句麗に数回兵を送って戦いましたが、勝てずに没しました。

前述した蓋蘇文の死去により、長子の男生が莫離支となり、国政を担当しました。とこ

ろが、男生が平壌城から出て諸城を巡回していた間、弟の男建・男産に政治をまかせたことから、男生と男建・男産が対立しました。男生は平壌城から追われ、鴨緑江西岸にある国内城に立てこもり、しかも唐に救援を求めました。

百済を滅亡させた唐の高宗は、これを高句麗を滅ぼす好機とみなし、六六六年六月に出兵し、これに際し男生の軍は唐軍に合流しました。高句麗の使節が一〇月に日本に訪れたのは、その直後でした。唐はさらに、六六七年の秋、新羅にも出兵を命じ、高句麗の西の拠点であった新城を攻略して陥落させました。

高句麗の滅亡と日本への渡来

天智七年（六六八）七月、高句麗は北陸の沿岸を経由して、大津宮に使節を派遣しました。この使節は、高句麗が唐・新羅によって攻められている危機的な状況だっただけに、再び天智に兵の派遣要請に訪れたものです。しかし、天智は派遣しませんでした。

その二ヶ月後の九月、唐と新羅がともに平壌城を包囲すると、一〇月に男産と宝蔵王は降伏しました。なお抵抗した男建も捕えられ、高句麗は滅亡したのです（図5）。

この高句麗が滅亡したとき、百済が滅んだときと同様に、高句麗から日本へ逃れてくる高句麗人が少なくなかったと思います。なぜか、『日本書紀』は、その記事を欠いています。しかし、『続日本紀』霊亀二年（七一六）五月十六日条は、駿河・甲斐・相模・上総・下

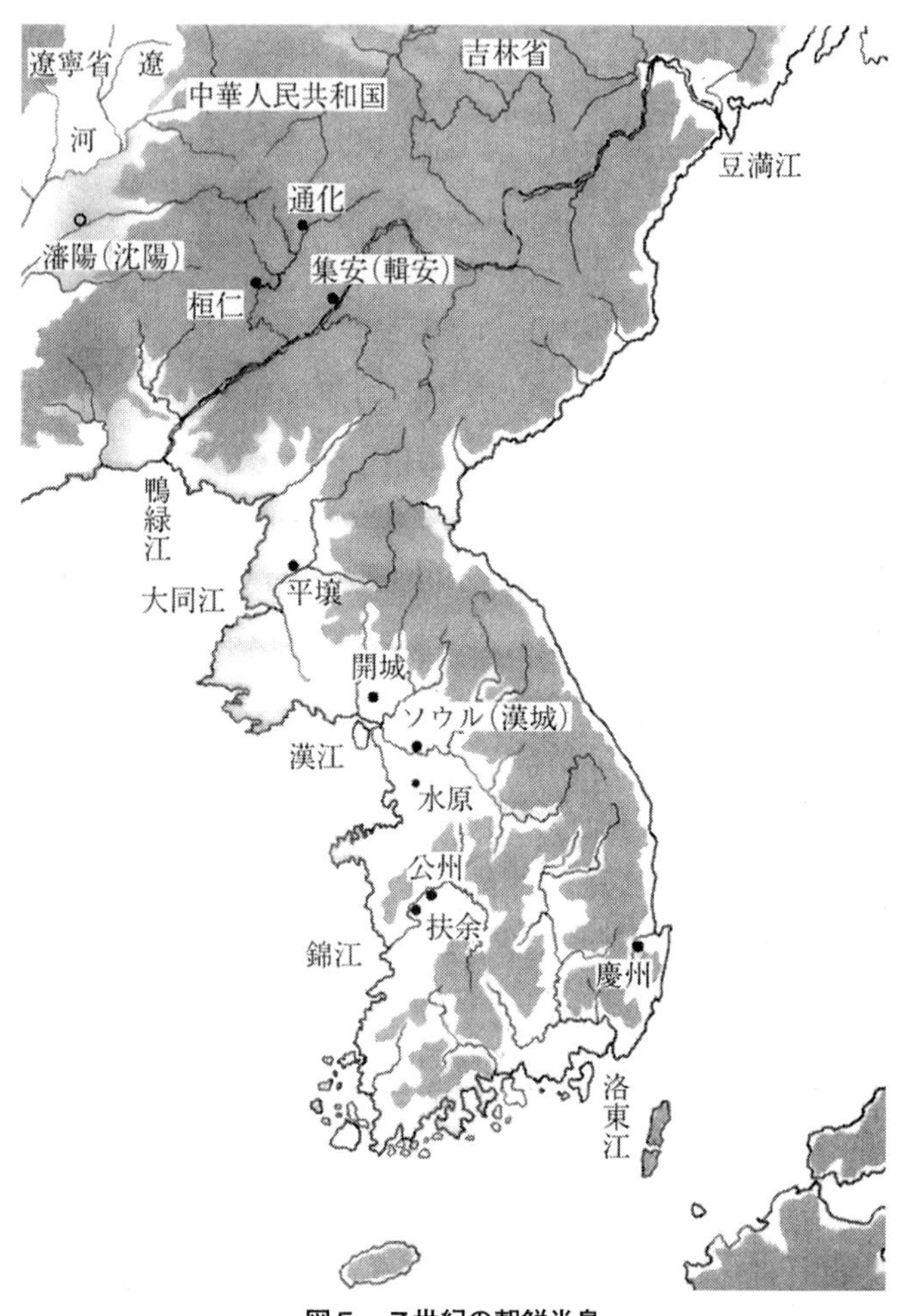

図５　７世紀の朝鮮半島
（中尾芳治・佐藤興治・小笠原好彦編著『古代日本と朝鮮の都城』）

総・常陸・下野の七国の高句麗人一七九五人を武蔵国に移住させ、はじめて高麗郡を設けたと記しています。少なくとも一〇〇〇人を超える高句麗人が逃れていたのです。

白村江の戦いでの日本人俘虜返還か

さて、天智八年（六六九）一〇月、内臣であった藤原鎌足が病となり、没しました。これで天智は政治をおこなう後ろ盾を失いました。

そこで二年後の六七一年（天智一〇）正月、天智は大友皇子を太政大臣、蘇我赤兄を左大臣、中臣金を右大臣とする新体制を編成しましたが、皇位の継承に課題をふくむものでした。四月には飛鳥から移した漏刻（水時計）を設け、鐘・鼓を打って官人らに時刻を知らせています。しかし九月、天智は病気になり、十二月三日、大津宮で没しました。

その前月の十一月、唐の郭務悰ら二〇〇〇人が、四七隻の船で比知島に到来しました。そして、翌年五月十二日、郭務悰らは甲・冑・弓矢を賜り、さらに絁一六七三匹、布二八五二端、綿六六六斤を賜って帰国しました。この郭務悰らの来朝を、直木孝次郎氏は、二〇〇〇人が訪れた時期と、日本側から賜与された絁・布・綿の数量にいずれも端数が記されているので、白村江の戦いでの日本人俘虜の返還に来朝したとみなしています（『日本古代の氏族と国家』吉川弘文館、二〇〇五年）。同意できる考えです。

五、発掘された大津宮

錦織の御所ノ内説

大津宮は、江戸時代の享保十九年（一七三四）から五年かけて膳所藩の寒川辰清が編纂した『近江輿地志略』に、「錦織村の内に御所跡と号する地あり、是大津都の跡なり」と記されています。また『近江名所図会』も三井寺（園城寺）の北の錦織と記していました。

滋賀里「荒れた内裏」説

明治になると、宮都の研究を体系的に著しく進展させた歴史学者の喜田貞吉氏によって滋賀里説が提示されました。喜田氏は、前掲書『帝都』に、地方の宮都研究者の一人であった木村一郎氏による滋賀里の小字「太鼓塚」を大極殿、「蟻之内」を荒れた内裏の訛ったものとみなす考えに注目し、滋賀里に所在したと想定しました。

そして、大化の改新以後の宮都は、『日本書紀』に近江京と記すので京域をともなったとみなし、大津京は東西一〇町、南北二〇町の広がりをもったものと推測しました。

滋賀里と南滋賀を発掘

昭和の初期、肥後和男氏が大津京の調査を滋賀県保勝会に依頼されました。そこで肥後氏は、大津宮の所在地を求める方法として、十二世紀に比叡山の皇円が編纂した『扶桑略記』に収録されている「崇福寺縁起」に注目しました。これには、大津宮に遷都した翌年の天智七年（六六八）、天智天皇が大津宮の西北山中に崇福寺を建立したという縁起を述べており、これを拠り所にすることにしました。

そこで、そのころ滋賀里山中と南滋賀に礎石の一部が所在した二つの古代寺院跡を発掘し、崇福寺の位置を確認することにしました。

その結果、滋賀里山中では瓦積基壇を有する金堂、塔跡などを検出し、それらと縁起に記す堂塔を対比して、ここを崇福寺に想定しました（図6）。

また、一方の南滋賀の寺院跡でも、瓦積

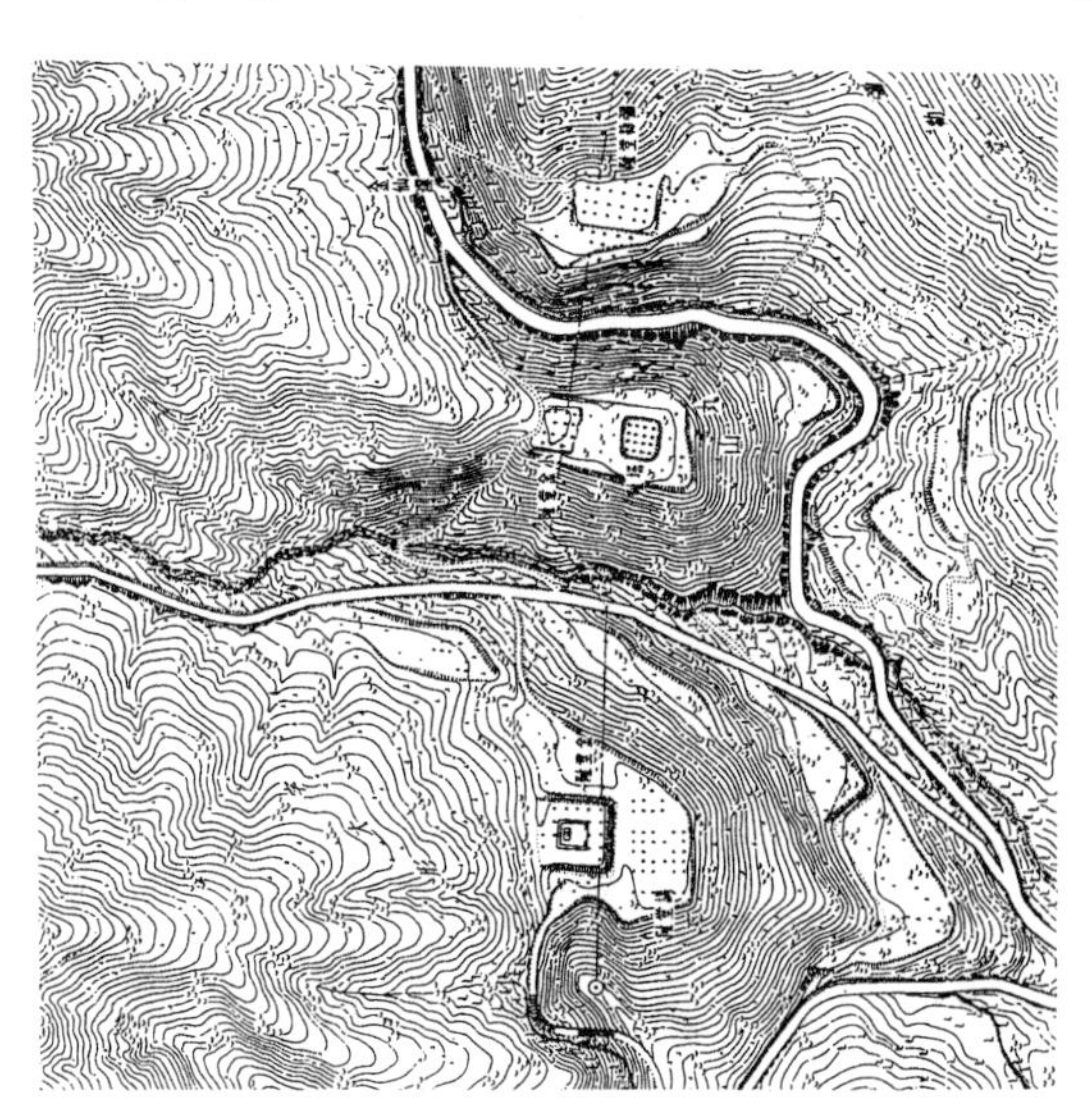

図6　大津市崇福寺跡（柴田實『滋賀縣史蹟調査報告』第10冊）

基壇による金堂、講堂、二つの塔、さらに食堂などを確認しました。そして、この伽藍を薬師寺式とみなし、天智を崇敬した桓武天皇が延暦五年（七八六）に建立した梵釈寺に想定しました。また、この梵釈寺の付近に大津宮があったと推測したので、南滋賀説が加わりました。

しかし、肥後氏が南志賀の寺院跡（南滋賀廃寺）を梵釈寺とみなした理解は、一九三八～一九四〇年（昭和十三～十五）に柴田實氏らがおこなった再発掘によって、梵釈寺ではなく、逸名（造営者不詳）の白鳳期に建立された古代寺院に修正されました。

このような研究経過から、大津宮の所在地は、御所ノ内説、滋賀里説、南志賀説の三説が提起され、その解明は戦後（昭和二〇年以降）に先送りされました。

錦織で宮殿遺構検出

昭和四九年（一九七四）十一月、錦織で民家の改築工事にともなう事前の発掘調査がおこなわれ、掘立柱式の大型の方形の柱穴による大規模な東西棟の門跡と回廊跡が検出されました。この門と回廊は、調査を担当した滋賀県教育委員会の林博通氏（後に滋賀県立大学教授）によって、東西棟門は桁行五間以上、梁行二間、その東に梁行二間の複廊が東へ延び、しかも複廊の東五間目に南北塀がとりつくことが明らかにされました（図7）。

そして、見つかった東西棟門は、桁行七間、梁行二間に復元され、また東西回廊は単廊

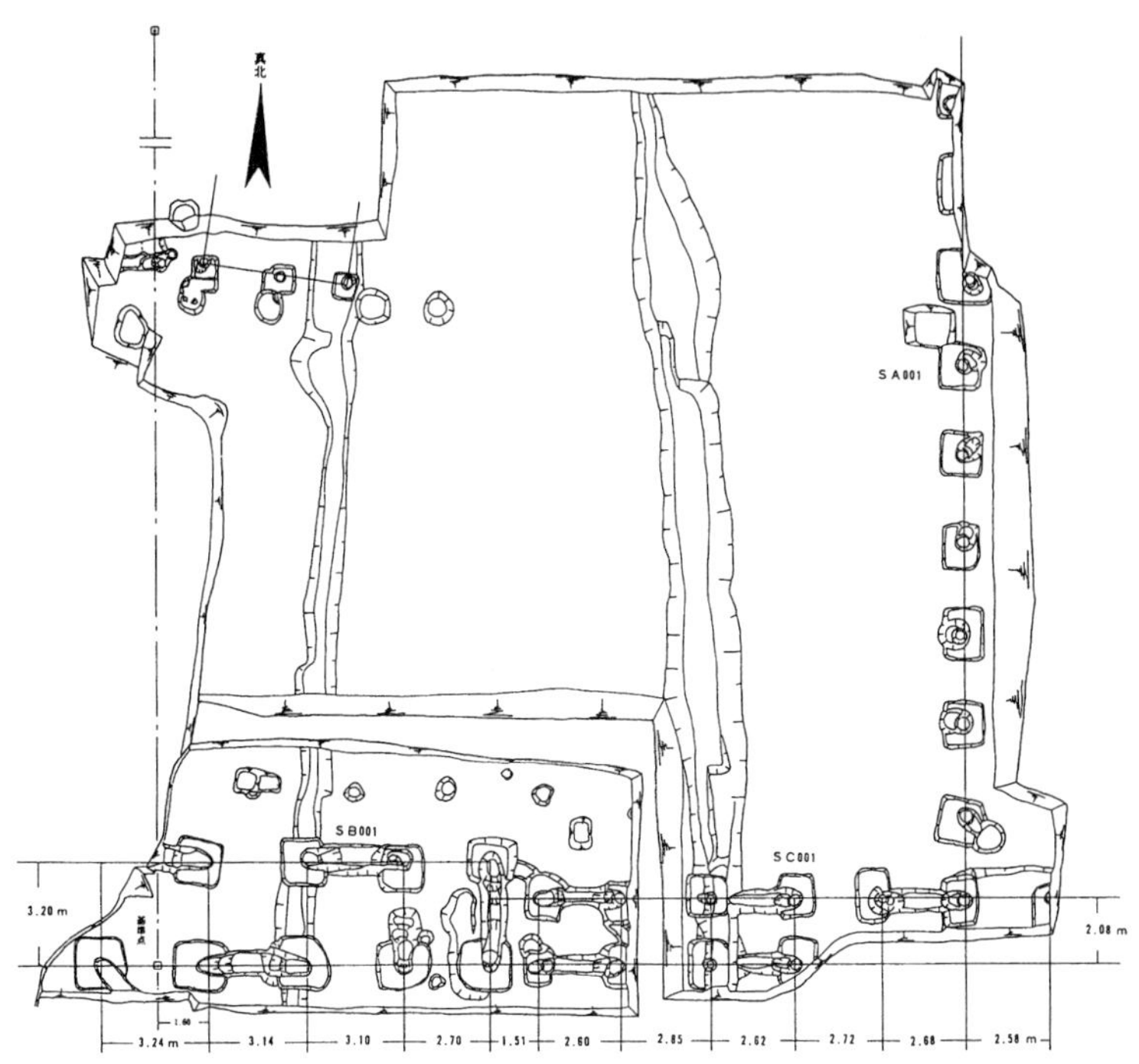

図７　大津宮の内裏南門跡遺構図（林博通『大津京跡の研究』）

ではなく、複廊がともなうこと、方形の柱穴が一・六メートルの規模、さらに門・回廊の方位などからみて、この建物は寺院や有力氏族の居宅ではなく、大津宮に関連する宮殿遺構とみなされました。

このように、複廊がともなう大型の東西棟門（南門）の検出は、それまで地表にはまったく手掛かりがなかった大津宮に対し、考古学によって実態を解明する扉が開かれることになったのです。

六、近江大津宮と内裏の構造

掘立柱建物と区画施設

大津宮（おおつのみや）の南門・回廊（第1地点）に続いて、南門の北側一帯で見つかっている宮殿に関連する掘立柱（ほったてばしら）建物と区画施設を少したどってみることにします。

まず、昭和五二年（一九七七）南門の北西一四〇メートル隔てた第3地点で、南北塀と北で東西棟建物、その南で東西塀が見つかりました。ついで、昭和五八年（一九八三）春、南門の北八九メートルで、大型の四面に庇（ひさし）が付く建物が見つかりました（第6地点）。この建物の柱穴（はしらあな）は方形（ほうけい）で、一辺が一・一〜一・三メートルで、南側柱列（はしられつ）・南入側（いりがわ）柱列が四間（けん）以上、

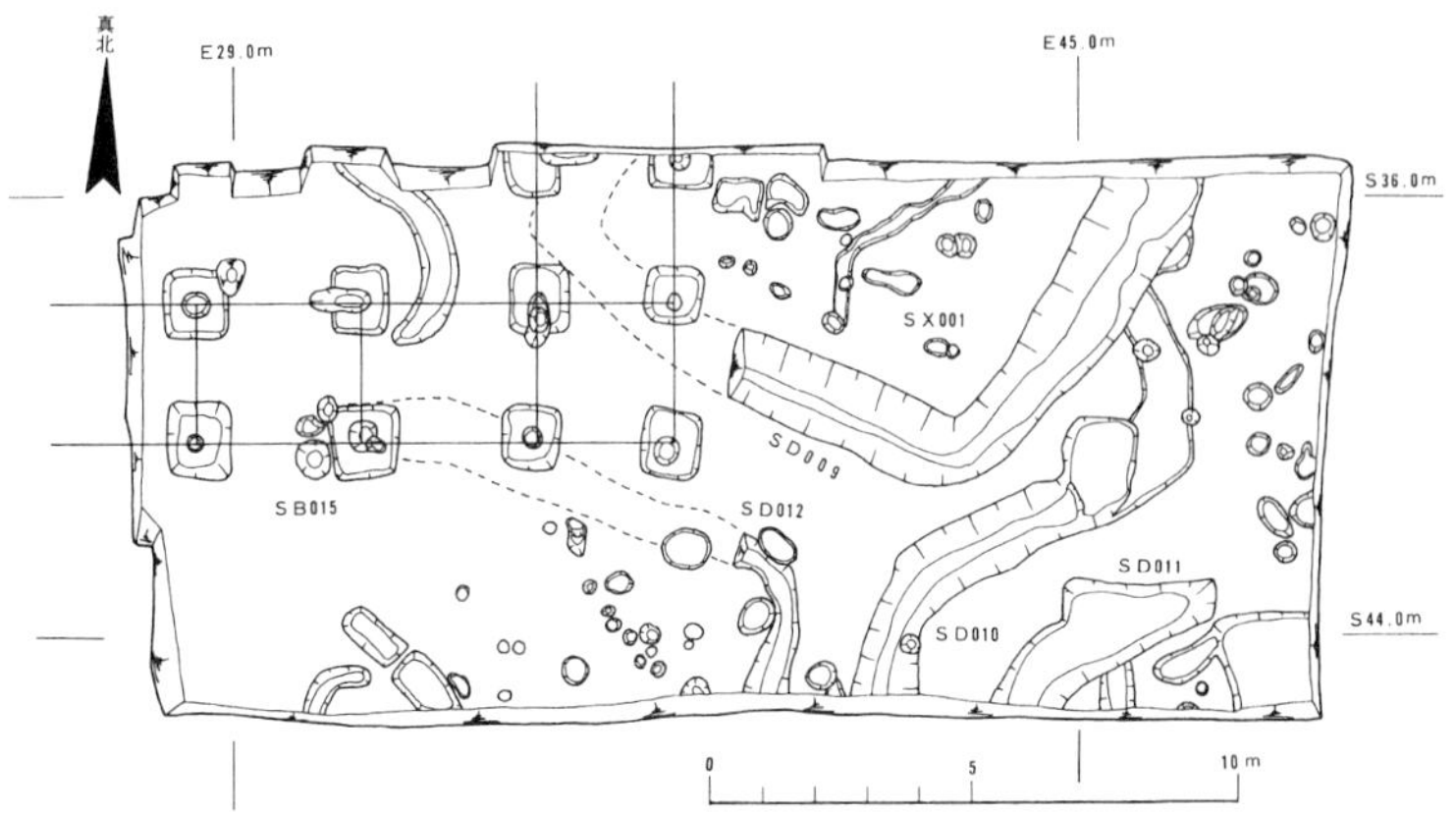

図８　大津宮の内裏正殿跡遺構図（林博通『大津京跡の研究』）

図９　大津宮の内裏正殿跡（西から）

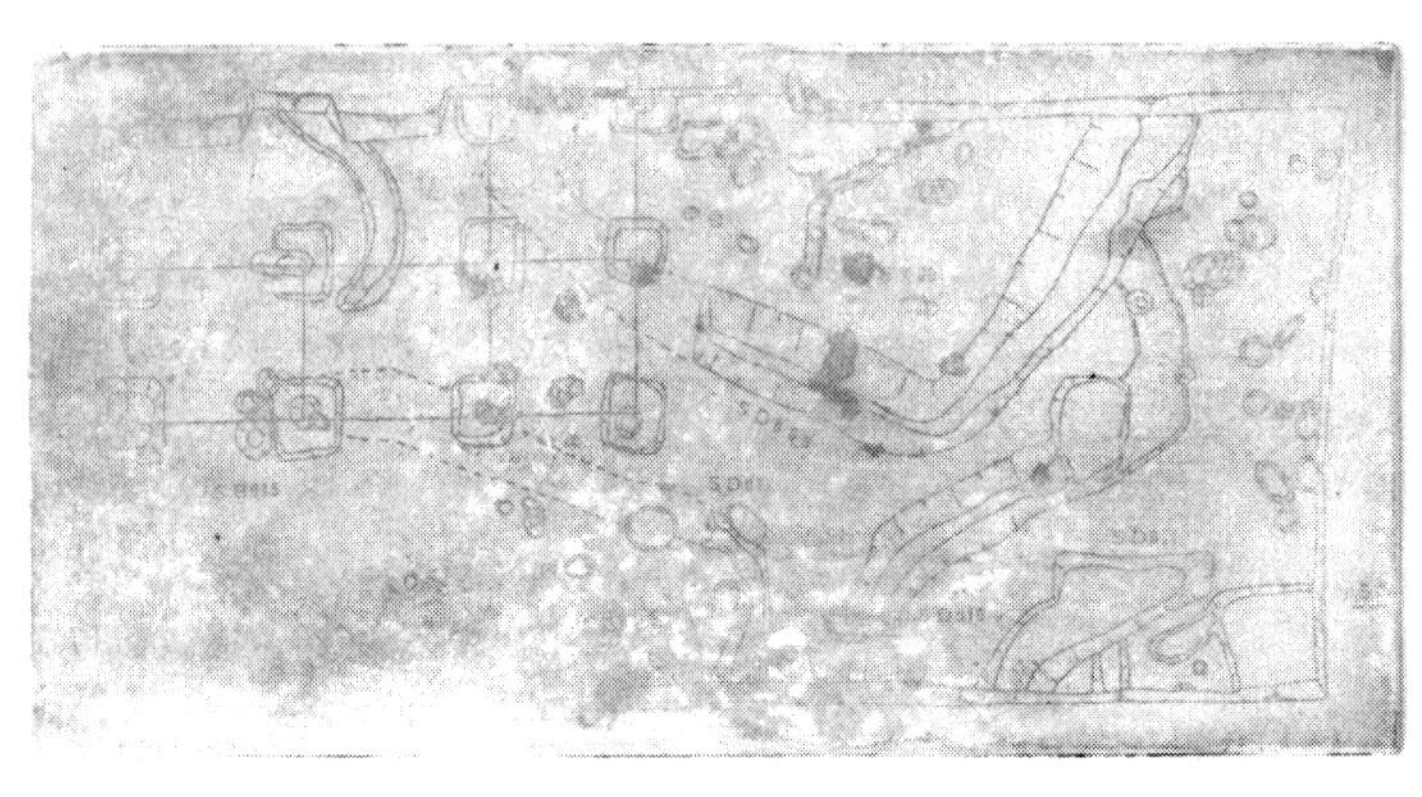

図10　大津宮内裏正殿跡（金山雅幸画）

東妻(ひがしつま)柱列・東入妻(いりつま)柱列も三間以上が遺存し、検出されました（図8・9）。

この庇付き東西棟建物（SB015）の発掘は、著者が奈良国立文化財研究所（当時）から滋賀大学に転職して三年目の春でしたので、この建物の柱穴群を自分の眼で見る機会がありました。

この建物は南門の中軸線からみると、桁行(けたゆき)七間、梁行(はりゆき)四間に復元されるものです。その後、大津宮の内裏(だいり)正殿にみなされるようになりました（図8・9・10）。しかし、後に少し記すように、なお少し検討すべき課題が残ります。

さらに、同年には南門の西北五〇メートルの地（第7地点）で、東西に延びる塀が検出され、その後、南門の東六三メートルで、南北塀が検出されました。これらの塀の検出によって、南門の東西に設けられた方形区画は、東西・南北四〇メートルほどの空間をなしていたことが判明したのです。

ほかにも重要なものとして、正殿の北六〇メートルでも、南門の中軸線上で、南の側柱列・入側柱列、さらに北の入側柱列の柱穴がそれぞれ三個ずつ検出され、大型の四面庇付の東西棟建物が建っていたことが判明しました。この建物の柱穴は、一辺が一・五メートルほどあり、内裏正殿よりも少し大きな柱穴による四面庇付の東西棟建物であった可能性があります。したがって、南門の中軸線上に、正殿から北へ少し離れている位置にも、四面に庇をもつ大型の東西棟建物が建てられています。

以上が南門の北側一帯で検出されている主な建物と塀です（図11）。そして、南門の南側では、昭和五〇・五一年（一九七五・七六）に桁行三間以上、梁行二間の南北棟建物が一棟見つかっています。

このような、これまで見つかっている建物と塀をもとに、林博通氏によって復元されている大津宮の構造は、以下のようなものです（図11）。

最初に見つかった南門は、大津宮の内裏南門で、この南門から複廊が東西にのび、一辺四〇メートルほどの方形区画があり、その北塀から北へ延びる塀によって構成された空間の北（内裏南門から北八九メートル）に四面庇付の東西棟建物の内裏正殿が配されていたものと復元されています。さらに、その南に朝堂院の存在も想定しています。

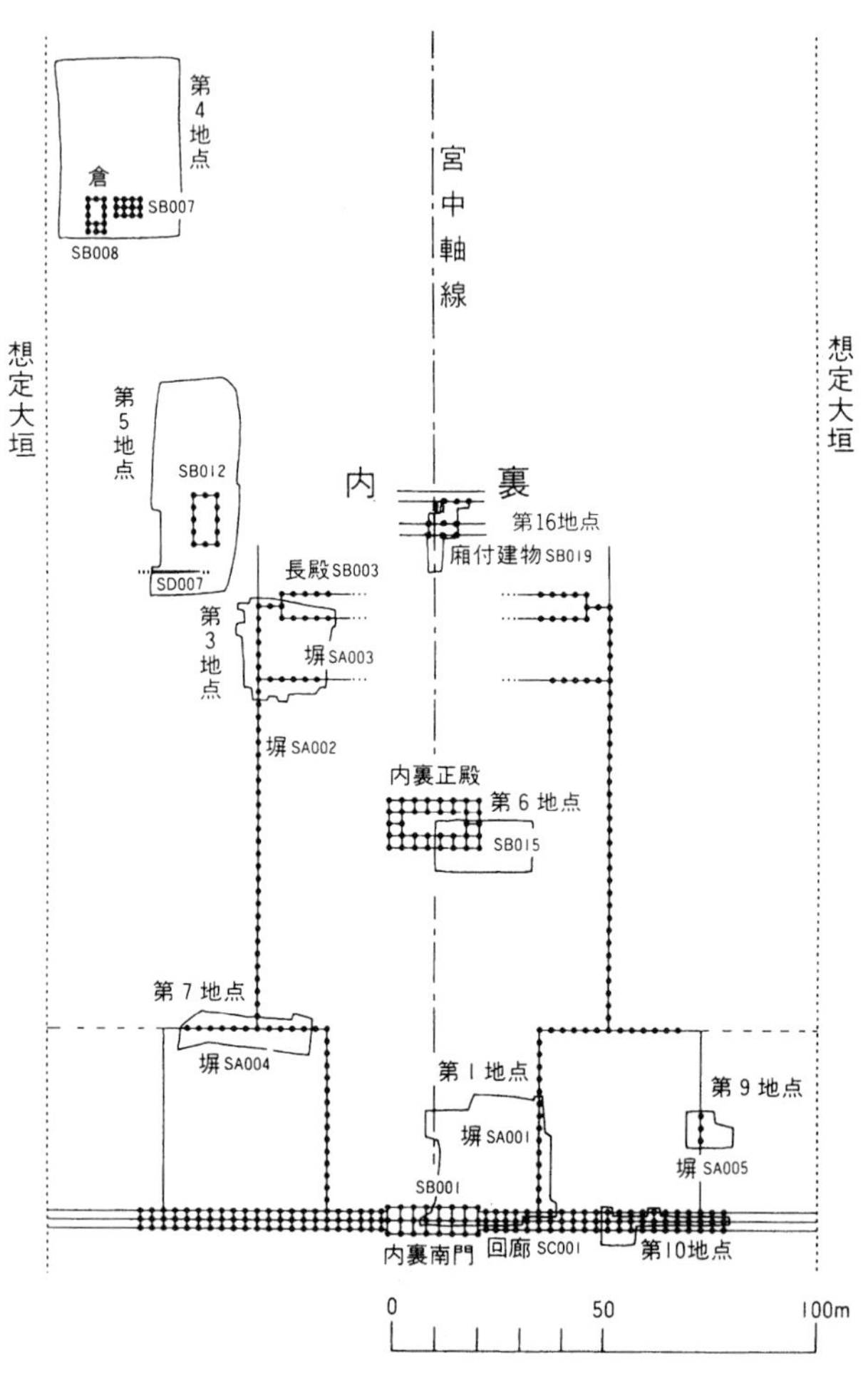

図11　大津宮中枢部の復元図（林博通『大津京跡の研究』）

検証すべき四つの課題

この復元案では、まだ四つの課題が残っています。まず、区画施設は中軸線をもとに左右対称に復元したものです。二つに、南門の東西に設けられた方形区画内の性格を明らかにすることです。

三つに、内裏正殿（SB〇一五）は大津宮で最も重要な中心建物ながら、桁行が七間です。孝徳天皇の難波長柄豊碕宮（なにわながらとよさきのみや）の前殿・後殿、飛鳥宮（あすかのみや）のエビノコ大殿（おおどの）など、七世紀の宮都の中心建物は、いずれも桁行九間をなしています。

また、大津宮の内裏正殿の柱穴は、内裏南門や内裏正殿の北で検出された東西棟建物の柱穴よりも少し小型です。このことは、内裏正殿の南に、なお桁行九間の正殿が検出される可能性が残るように思われます。四つに、朝堂院が存在したかどうかの検証です。いずれも、今後の発掘によって検証すべき課題です。なお現状の復元案では、孝徳天皇が構築した難波長柄豊碕宮の系譜を引く可能性が高いものと推測されます。

七、大津宮遷都と崇福寺の建立

『扶桑略記』にみる崇福寺

大津宮（おおつのみや）に遷都した翌年の天智七年（六六八）、『扶桑略記（ふそうりゃっき）』によると、天智天皇は大津宮の西北山中に、崇福寺（すうふくじ）を建立しました。この『扶桑略記』に収録する「崇福寺縁起」には、この寺院を建てるために山の地を平らにしたとき銅鐸が出土したと記しています。

そして、崇福寺は金堂に弥勒仏、講堂に薬師仏、小金堂に阿弥陀仏、三重塔に四方仏を安置していたと述べています。他に僧房、印蔵、炊屋、湯屋、竈屋、浄屋があったことも記載しています。

中尾根の塔から舎利容器発見

この崇福寺跡は、昭和の初期に肥後和男氏によって、また昭和十三年（一九三八）に柴田實氏によって発掘されています。

崇福寺の伽藍は、滋賀里の西山中にあり、北尾根、中尾根、南尾根に分かれて堂塔が見つかっています。まず北尾根には、地覆石の上に平瓦を積む瓦積基壇の上に、礎石が残る金堂があります。肥後氏は小字にちなみ弥勒堂跡と呼びました（図12）。この金堂跡の東方に三メートルほど地覆石の上に平瓦を合掌式に積む瓦積基壇が見つかっています。

また中尾根には広く低い壇を設け、東に塔跡（図13・14）、西に対面する小金堂が配されていました。また、柴田氏の調査のとき、塔跡の心礎側面に穿たれた孔から、水晶などをガラス瓶に入れた金の内函、銀の中函、金銅製の台脚をもつ外函が入れ子になった舎利容器が見つかりました。さらに、南尾根でも西に南面する金堂、東に南面する講堂と経蔵と

図12　崇福寺の弥勒堂跡（西から）

図13　崇福寺の塔跡（西から）

みなされる建物跡が検出されています。

このように発掘された堂塔に対し、肥後氏は北尾根・中尾根の堂塔を崇福寺とみなし、南尾根の仏堂は、後に金堂・講堂が移されたものとみなしました。また、柴田氏も、北尾根・中尾根の堂塔を崇福寺とし、南尾根の仏堂は北・中尾根のものと主軸の方位や礎石が異なっているので、新に設けられた伽藍と理解しました。

このように二度の発掘によって、崇福寺跡には、三尾根に寺院の建物が建てられ、「縁起」に記す伽藍のほかに、南尾根にも伽藍がありましたので、それらをどのように理解すべきか問題になりました。

崇福寺論争　この課題と深くかかわりをもち、昭和十六年（一九四一）、

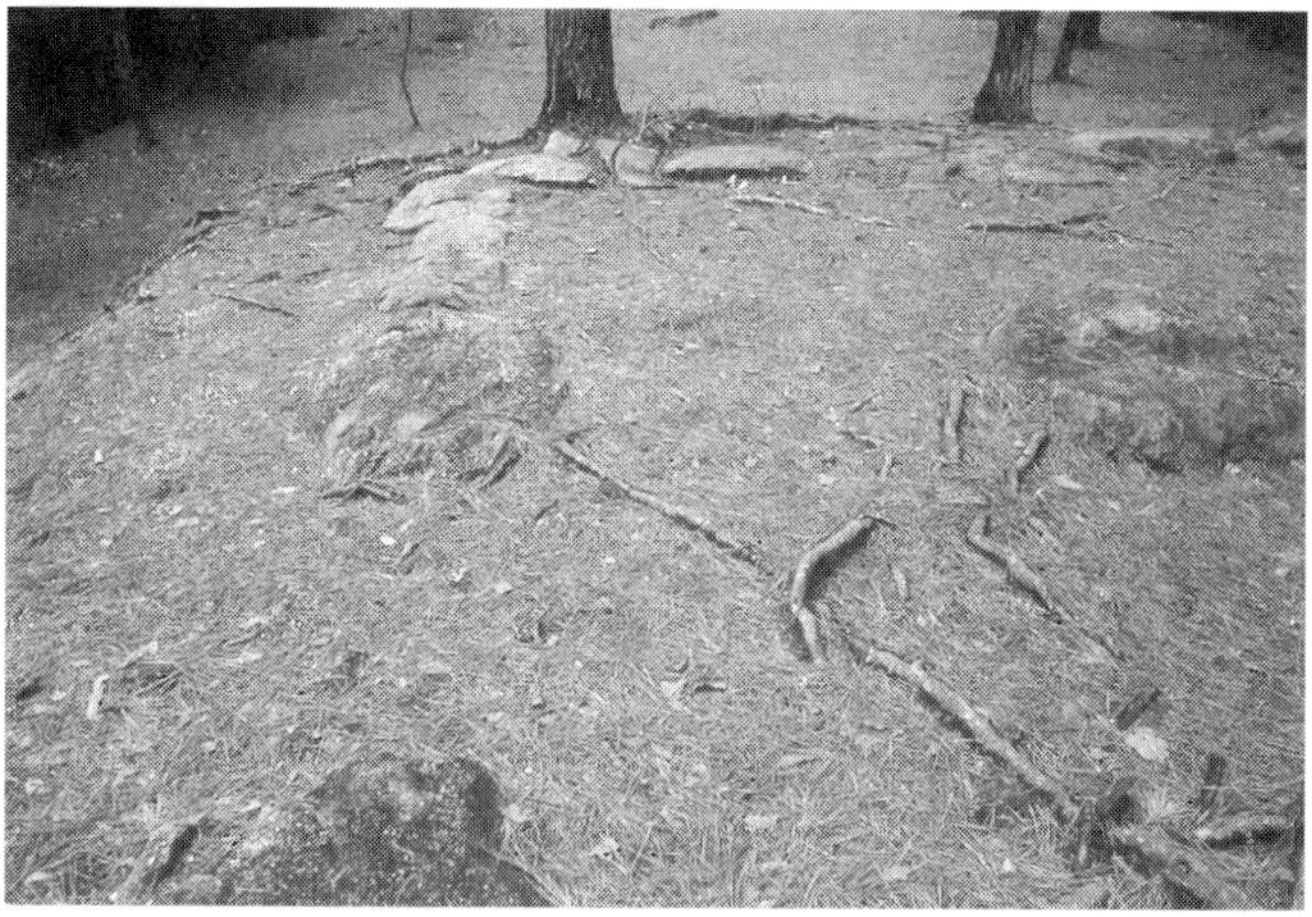

図14　崇福寺の塔跡（南から）

石田茂作氏は、崇福寺の塔跡の心礎から見つかった舎利容器の金銅製外函の格狭間に施された意匠は、奈良時代末よりさかのぼらないので、北尾根・中尾根の伽藍は、桓武天皇が建立した梵釈寺、南滋賀にある廃寺を崇福寺とする考えを提示しました。

これに対し昭和二〇年（一九四五）、梅原末治氏は、崇福寺の塔跡の舎利容器は塔の創建期に納められたもので、舎利容器の格狭間の様式は、瓦類などに比し、資料が少ないので、格狭間の様式の年代と出土品の年代が異なる際は、発掘資料を重視すべきであると反論し、崇福寺論争が展開することになりました。

北・中尾根は崇福寺　南尾根は梵釈寺

この論争に関与した建築史家の福山敏男氏は、滋賀里山中の尾根の堂塔のうち、北尾根・中尾根の伽藍と南尾根の伽藍の主軸方位が異なり、礎石の様式も異なるので、北尾根・中尾根の伽藍を崇福寺、南尾根の伽藍を梵釈寺とみなされるとし、決着をみることになりました。

なお、北尾根の弥勒堂の東方で見つかった合掌式の瓦積基壇は、百済でも扶余の定林寺址などの回廊にみられますので、ここに回廊もしくは築地を設けた可能性があります。

また、「崇福寺縁起」には金堂、講堂、小金堂、塔、いずれも檜皮葺と記しています。しかし、崇福寺跡からは、川原寺式の軒丸瓦など瓦類が出土していますので、平安時代に雪害を避け、檜皮葺に葺き変えられていたものと推測されます。

八、川原寺の同笵軒瓦を葺いた崇福寺と大津廃寺

崇福寺と川原寺との共通点

崇福寺跡では、北尾根に金堂、中尾根に小金堂が建てられていました。これらの堂塔には、「崇福寺縁起」によると、金堂に弥勒仏、講堂に薬師仏、小金堂に阿弥陀仏、塔に四方仏が安置されていました。

この崇福寺の伽藍配置は、筑紫で没した斉明天皇を弔うために天智天皇によって飛鳥に建立された川原寺と、主要堂塔の配置は同一のものです。川原寺は「縁起」を欠くので、堂塔に安置された仏像は知りえません。しかし、天智が同一の堂塔を配していることからしますと、金堂に弥勒仏、西金堂に斉明を弔う阿弥陀仏を安置したものと思われます。

このように、西金堂に斉明を弔う阿弥陀仏が安置されていたとすると、崇福寺の小金堂に安置した阿弥陀仏も弔う対象を想定して安置されたのではないかと思います。それは白村江の戦いで戦死した二万を超える兵士を弔うためではなかったかと推測されます。なぜか「崇福寺縁起」は、このことを記していません。

大津廃寺にも
川原寺の同笵軒瓦

さて、天智は白村江の戦いと大津（おおつの）宮（みや）遷都の前後、飛鳥で川原寺、近江で崇福寺の造営とかかわることになりました。そして、川原寺の堂塔に葺（ふ）く川原寺の軒丸（のきまる）瓦（がわら）の瓦当笵（がとうはん）A・B・C・Eのうち、Aは、川原寺の金堂に葺いて間もなく、なぜか山背（やましろ）の高麗寺（こまでら）に移されました。そして高麗寺で金堂・塔を葺いた後、崇福寺へ移動し、崇福寺、さらに大津廃寺に葺かれたことが軒丸瓦の瓦当笵に残る傷によって知られています（図15〜17）。

さらに、川原寺の瓦当笵Aによって製作された軒丸瓦は、JR大津駅の北六〇〇メートルにある大津廃寺からも、近年に大量に出土しています。ここの発掘調査では、まだ堂塔の遺構は見つかっていませんが、伽藍が存在したことは疑いないものです。しかし、崇福寺の造営後に、なぜ、川原寺の瓦当笵Aが大津廃寺に移されたのかは、まだ明らかになっていません。

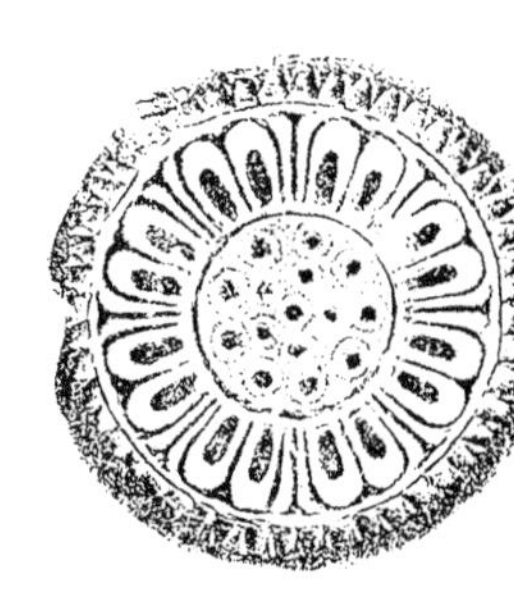

図15　川原寺の軒丸瓦（左：川原寺A　右：大津廃寺）
（大津廃寺の軒丸瓦〈大津市教育委員会提供〉）

図16　川原寺跡（南から）

図17　高麗寺跡（南から）

そこで、少し検討してみますと、これと関連すると思われる記事に、『続日本紀』和銅二年（七〇九）二月一日条に、筑紫の観世音寺は、天智が、斉明のために建立を請願した寺院であり、しかし、まだ造営が終わっていないので、早く造営を進めるように詔がだされています。また遡る『続日本紀』大宝元年（七〇一）八月四日条に、近江の志我山寺（崇福寺）の食封（対象となる封戸からの収入）は満三〇年になり、観世音寺と筑紫尼寺の食封も大宝元年で五年になっているので停止するとしています。

このうち、筑紫の筑紫尼寺の所在地はこれまで不明とされ、性格も明らかになっていません。しかし、著者は、天智が斉明を弔う観世音寺を筑紫に建てさせた際に、尼寺として筑紫尼寺の建立も併せて命じたのではないかと推測しています。

このように考えうるとしますと、天智は崇福寺を建立した際にも、大津宮の周辺に、尼寺として大津廃寺を建立し、この尼寺にも川原寺の瓦当笵Aによる軒丸瓦を葺いたものと推測されるのです。さらに今後の検討すべき研究課題です。

崇福寺と同時に大津廃寺を建立か

さて、崇福寺跡では、弥勒堂跡の基壇外装に地覆石を据え、平瓦を平積みする瓦積基壇が採用されていました。また、この建物の東方で、地覆石の上に平瓦を合掌式に積む瓦積基壇も見つかっています。これら二つの様式の瓦積基壇は、百済の扶余に建立されている定林寺址、軍守里寺址、王宮里寺趾などでも検出されており、百済から移住した工人らによって、もしくはその指導によって構築されたものと思われます。

この新たな百済様式の瓦積基壇は、その後、大津宮周辺を本拠にしていた錦織村主氏による南滋賀廃寺、その北にある穴太村主氏の穴太廃寺でも白鳳期に移建した金堂跡に採用されるなど、近江の渡来系氏族が建立した多くの氏寺に採用されています。

九、大津京はあったか

『日本書紀』では「近江大津宮」

近年、JRの西大津駅を「大津京駅」に名称を変更する際に、「大津京」が存在したのかどうか、問題になりました。ここでは、天智が近江に遷した宮都の名称、また藤原京や平城京のような「京」が存在したのかどうか、述べることにします。

天智六年（六六七）三月、天智は飛鳥にあった後飛鳥岡本宮から、宮都を近江に遷しました。この近江に遷した天智の宮都に対し、『日本書紀』の舒明紀や持統紀には、「近江大津宮」と記し、また『続日本紀』には、「近江大津宮」「淡海大津宮」、口頭で述べた宣命には「近淡海乃大津宮仁天下知行之天皇」と記されています。

また『令集解』に収録する大宝令の「戸令」の注釈である「古記」に「水海大津宮の庚午年籍は除くなかれ」と「水海大津宮」と記載されています。

このように、天智が近江に遷した宮都は、「近江大津宮」「淡海大津宮」「水海大津宮」などと記されており、櫻井信也氏によって、「(ちかつ)おうみのおおつのみや」と呼ばれていたとみなされています。

いつ「令」にもとづく「京」が成立したか

古代の宮都(都城)の研究を積極的に進めた喜田貞吉氏は、大化の改新以後の宮都は、宮室に官人らが居住する京域を有するものと考え、大津宮に大津京がともなったと想定しました。

しかし、大化の改新の詔には、「郡」と「評」の記載のように、後の大宝令の規定を遡って記したものがふくまれていることが、藤原宮跡から出土した木簡の記載によって明らかになりました。そこで、いつ行政法の「令」にもとづいて「京戸」(京に本貫を持つ住民)が存在する「京」が成立したのかの解明が大きな研究課題になっています。

『日本書紀』にみる「近江京」

ところで、『日本書紀』天武元年(六七二)五月是月条には、「近江京より、倭京に至るまでに、処処に候(監視人)を置けり」と、飛鳥の地を「倭京」、近江の宮都の所在地を近江京と記しています。この倭京は条坊が設定されていない都でした。

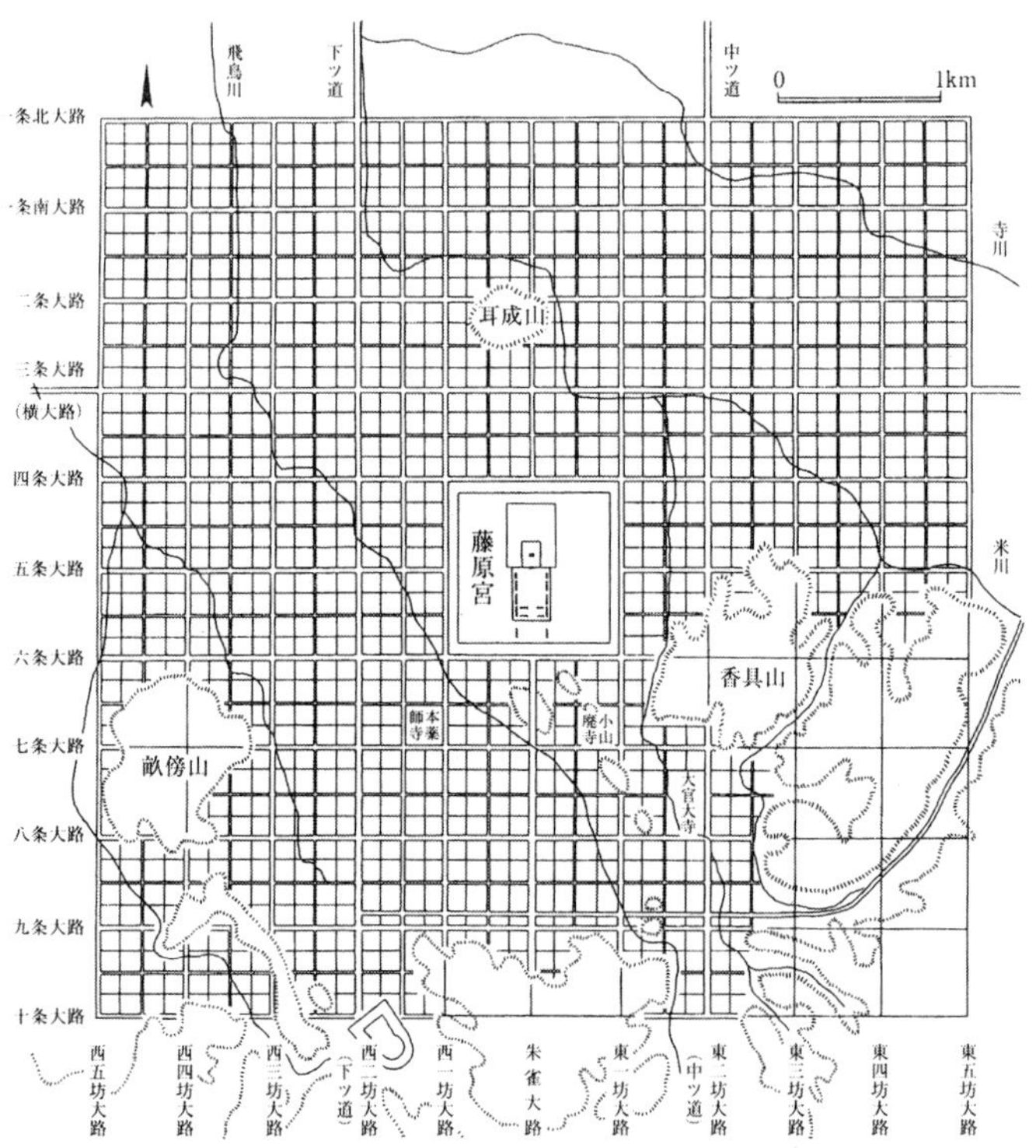

図18　藤原京復元図（小澤毅『日本古代宮都構造の研究』）

壬申の乱（六七二年）後、飛鳥に還った天武天皇は、天武五年（六七六）に新都の造営に着手しましたが、完成しませんでした。しかし、『日本書紀』天武九年（六八〇）条に、京内の二十四寺に、絁・綿・糸・布を施入しており、京域は存在していました。

このように天武朝に存在した（原）藤原京ともいうべき京は、浄御原令が天武一〇年（六八一）に編纂を開始し、持統三年（六八九）六月に施行したことからすると、それに遡る近江令によって（原）藤原京は設けられたものと推測されます（図18）。

『日本書紀』にみえない近江令

そこで、近江令の施行が重視されることになります。近江令は、藤原氏『家伝』に藤原鎌足らが天智七年（六六八）に編纂したとしていますが、『日本書紀』には、編纂、施行ともに記されていません。

しかし、天智九年（六七〇）には、庚午年籍が作られていますので、前述した『日本書紀』天武元年（六七二）五月条に記された「近江京」も、たんに近江にあった京ではなく、固有名詞とみなす研究者もいます。ただし、この場合も近江令の制定は大津宮へ遷都した後のことですので、藤原京のような、また唐長安城（図19）のような大路と小路の道路を設けた条坊を有する京とは異なるものであったと推測されます。

このように、「大津京」の存在は、確定する史料を欠き、論争中です。しかし、このような研究状況のもとで、「大津京駅」を一般化させることは、大津京は存在していたと誤

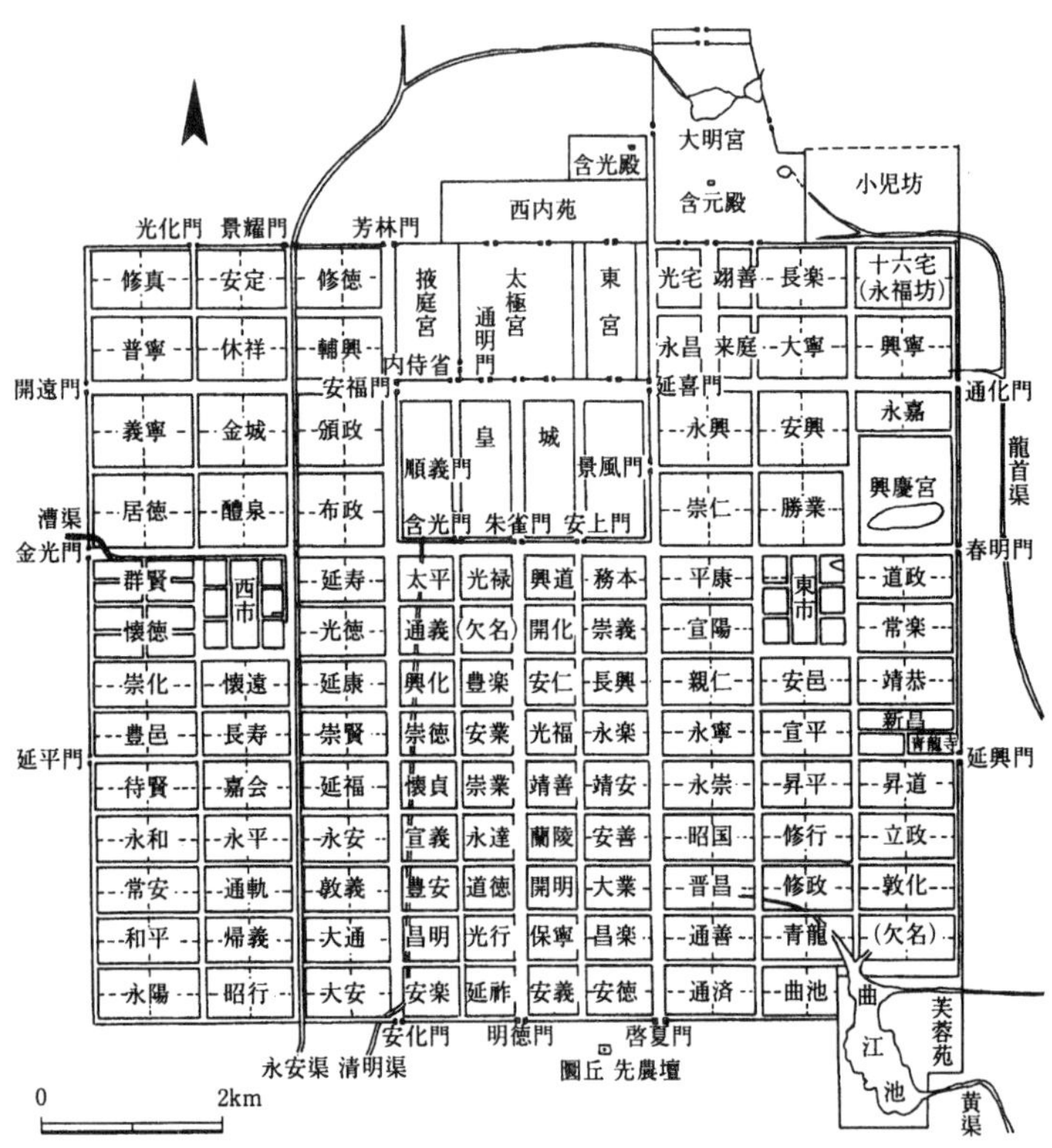

図19　唐長安城復元図（小澤毅『日本古代宮都構造の研究』）

解する方が多くなりますので、相応しいものとはいい難いことになります。

一〇、大津宮跡を歩く

発掘の契機となった志賀宮址碑

京阪電車の近江神宮前駅を下車し、細い道を西へ進みます。すぐに大津宮跡の南門前に設けられた小さな広場があります。ここに大津宮の南門跡の説明板があります。昭和四九年（一九七四）、初めて大津宮に関連する発掘が実施されたところです。

説明板に、ここは大津宮跡の第1地点と記されています。この地点で大型で掘立柱様式の桁行五間以上、梁行二間の門の柱穴が検出されました。柱を抜く際に二本を併せて抜いていました。眼前に少し高い基礎上に民家が建っています。門跡はこの民家の下で見つかったのです。もし、ここで発掘がおこなわれていなければ、その後の展開はなかったでしょう。

南門の少し北側に、志賀宮址碑が立っています（図20）。この碑は明治二八年（一八九五）に、『近江輿地志略』などに載る御所跡（御所ノ内）に大津宮があったという伝承にもとづいて立てられたものです。その少し南に、大津宮跡の遺構に関連する発掘地点図と大津宮

図20　大津宮跡説明板と志賀宮址碑（第１地点・南から）

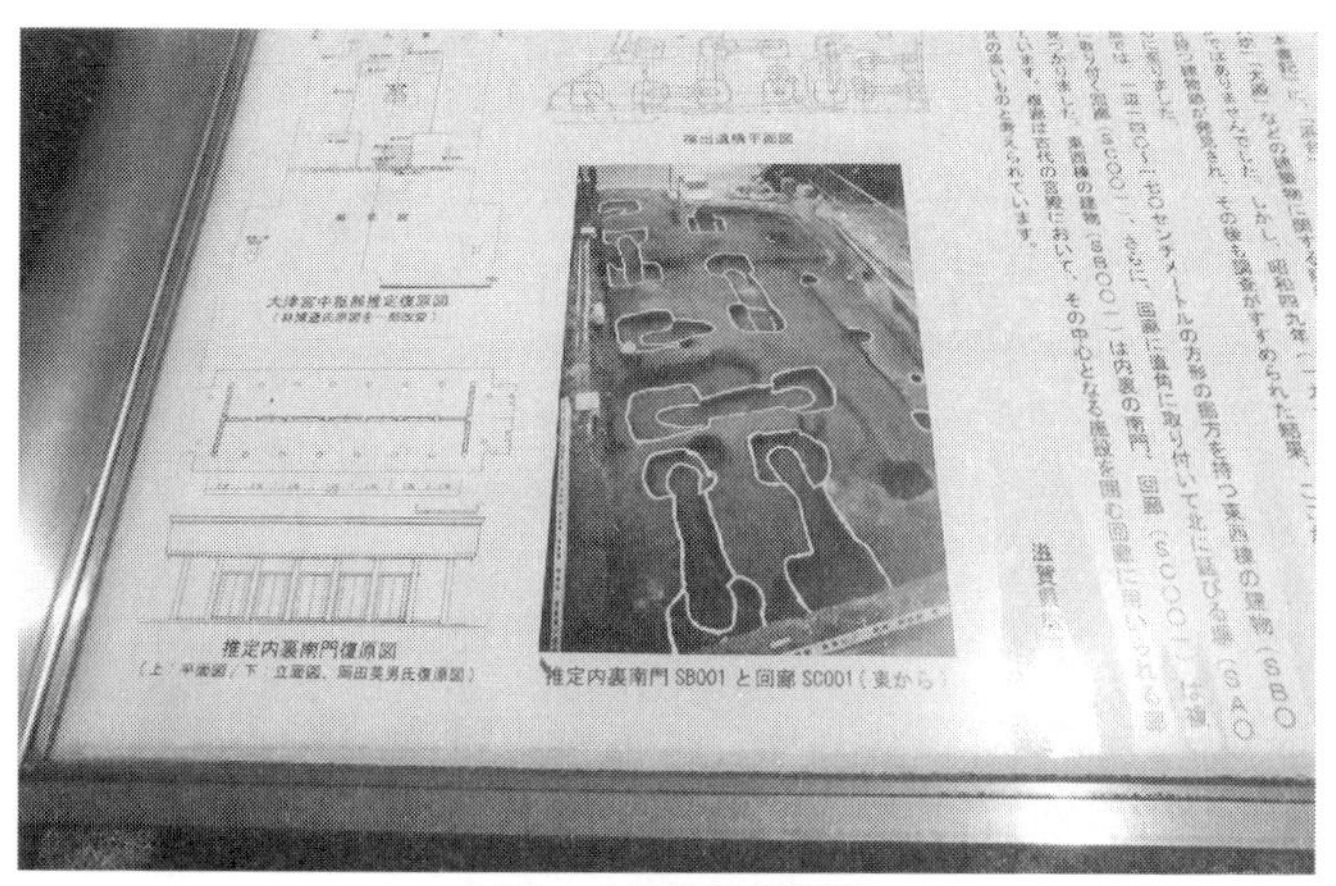

図21　大津宮跡説明版

の復元図を示す説明板があります（図21）。現状では想定復元図になっており、今後の発掘が楽しみです。東側に南北に延びる塀を表示する柱列が見えます。この塀と東方で見つかっている塀によって、東に大きな方形区画が設けられていたとみなされています。

ここから八〇メートルほど北へ進んだところに、内裏正殿の掘立柱を表示する建物跡があります（図22・23）。発掘された正殿跡は、桁行四間以上、梁行三間以上で、南門の中軸線からみると、桁行七間、梁行四間の大型建物だったとみなされています。現状では正殿のすぐ南に民家が建っていますので、南門跡の位置を望むことはできません。その北七〇メートルでも、庇のつく大型の東西棟建物が見つかっています。現在は郵便局が建っている位置です。

一方、南門跡まで戻って、少し南へ下がり、さらに西へ進むと広い南北方向の道と出合います。その道を北へ七〇メートルほど進んだところに小さな空間があります。そこで東西方向の柱列と南北方向の柱列とが接する第7地点があります（調査時は第3地点）（図24）。この地点と南門の東方で検出されている南北柱列によって、内裏南門の東西に、一辺三七メートルの方形の空間が、対称に配されていたと推測されています。

これと類似する遺構は、大阪市法円坂にある孝徳朝の難波長柄豊碕宮跡（前期難波宮の遺構）でも見つかっています。内裏南門の東西で、複廊によって囲まれた方形区画が対称

図22　大津宮内裏正殿跡（西から）

図23　大津宮内裏正殿跡（東から）

に配され、その方形区画内で八角形の建物が配されています。大津宮でも、この八角殿院（はっかくでんいん）に類した建物が設けられていた可能性があります。ちなみに孝徳朝の八角殿の性格は、鐘楼（しょうろう）・鼓楼（ころう）、仏殿などの考えがだされています。

さらに北に進んだ第3地点では、南に東西の柱列、北に東西棟建物の一部が見つかっています。また、少し西北に離れた第4地点でも、桁行三間、梁行二間の東西棟の倉庫、その西に南北棟の建物が検出されています。

他に内裏南門の東南一四〇メートル隔てた第2地点で、桁行三間以上、梁行二間の南北棟建物の一部が見つかっています。この建物を孝徳天皇の難波長柄豊碕

図24　大津宮第３地点の遺構（西から）

宮と同様に、朝堂の建物とみなす考えもありますが、地形が少し下がるので、朝堂とみなすのは難しいかも知れません。

このように、大津宮跡では、昭和四九年(一九七四)以降、内裏南門、内裏正殿、内裏南門の東西に方形区画などが配されていたものと推測されています。しかし、現状は見つかった遺構を左右対称に折り返した復元図なので、対称の位置で確認することが必要です。また、南門と内裏正殿との間に、大型建物が存在しないかどうか確認が必要です。このように、今後の発掘調査による解明が楽しみです。

第二章　紫香楽宮・甲賀宮と盧舎那仏の造立

一、聖武天皇と東国への出立

藤原広嗣の乱と恭仁宮遷都

天平十二年（七四〇）一〇月二九日、聖武天皇は、九月三日に大宰府管内で起こった藤原広嗣の乱がまだ完全におさまらないさなか、突然に平城京から東国へ出立しました。聖武ら一行は山辺郡から伊賀国の名張郡、伊賀郡を経て、伊勢国の壱志郡の河口頓宮に着きました。

その翌日の十一月三日、広嗣が肥前国の五島列島の値賀島で捕えられたという知らせが入りました。五日には、広嗣を処刑した知らせも入りました。しかし、聖武は平城京へ還都することなく、十二日からは河口頓宮から北の桑名郡を経て、二六日には美濃国に入り、十二月一日に不破郡に到着しました。

そして十二月六日、不破郡から近江国坂田郡に入って西に進み、十二月十一日には滋賀郡の禾津頓宮に到着しました（図25）。

その翌々日、聖武は琵琶湖の西岸にある志賀山寺（崇福寺）に向かい、仏を崇拝しました。そして十四日に山背国の相楽郡に入り、十五日に恭仁郷に至ると、そこに留まり、新たに恭仁宮・恭仁京の造営を命じて遷都しました。

このような聖武による東国への行幸に対し、古く歴史学者の喜田貞吉氏は、広嗣の乱による影響を避け、東国へ赴いたとする考えを述べており、ほぼ定説的な考えになりました。

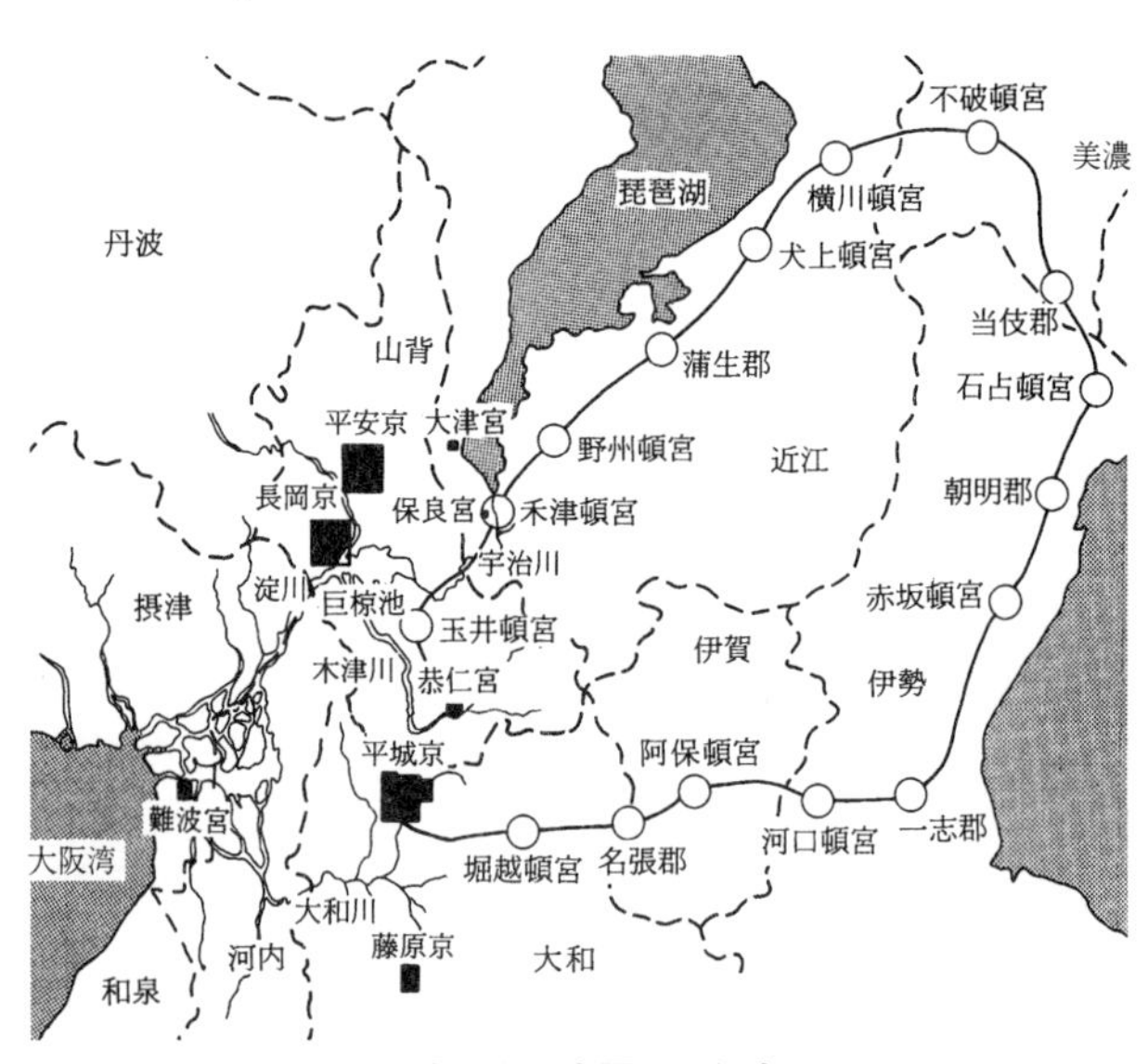

図25　聖武天皇と東国への行幸コース
（大阪市教育委員会・大阪市立博物館編『遷都1350年記念　難波宮』）

これと同様のことは、『万葉集』に収録された大伴家持(おおとものやかもち)が詠んだ歌の詞書(ことばがき)にも、

万葉集にみる広嗣の乱

十二年庚辰(かのえたつ)の冬十月、大宰少弐(しょうに)藤原朝臣(あそん)広嗣の謀反(みかどかたぶ)けむとして発軍(いくさだち)するに依りて、伊勢国に幸(いでま)す時に、河口の行宮(かりみや)にして、内舎人(うちとねり)大伴宿禰(すくね)家持の作る歌一首(巻六―一〇二九)

河口の　野辺に廬(いほ)りて　夜の経(ふ)れば　妹(いも)が手本(たもと)し　思ほゆるかも

(河口の野辺に仮寝して幾夜にもなると妻の手枕が懐かしく思われる)

と記されています。

しかし、この広嗣の乱を要因とする理解には、疑問視される点が少なくありません。それは、出立して僅か五日後に広嗣が捕えられ、その二日後に処刑された知らせが入りました。それでも聖武は平城京へ還(かえ)ることなく伊勢国を北上して美濃国へ赴き、さらに近江国を西へ進んで山背国の南端の恭仁郷にとどまりました。しかも平城宮・京に還ることなく、恭仁宮・京を造営させて遷都させせました。

このような聖武による行程のうち、近江国に関連することでは、十二月十一日には、大津市大江の三大寺で見つかっている近江国庁には入らず、瀬田川を西へ越えて禾津頓宮に宿泊しています。

近江の禾津頓宮に宿泊

この禾津頓宮は、平成十四年（二〇〇二）に大津市膳所本町にある膳所高校の校庭で巨大な掘立柱建物が検出され、ここが禾津頓宮跡と推測されています。聖武が近江国庁ではなく、禾津頓宮に宿したのは、見つかっている近江国庁跡は八世紀の後半に設けられたとされていますので、この時には他所にあったものと思われます。

大津宮跡を見る意図か

また、聖武は、天智天皇が大津宮へ遷都した翌年（六六八）に大津市滋賀里の山中に建立した志賀山寺（崇福寺）を参拝しています。聖武は、天武に対し尊敬と強い関心を抱いていたことからすると、その意図はその途中の錦織に所在した天智が造営した大津宮の廃墟を自らの眼で見ることにあったのではないかと考えられます。

二、聖武天皇と恭仁宮・京の造営

足利健亮氏による恭仁宮の復元

天平十三年（七四一）は、恭仁宮・恭仁京の造営が大規模に進められた年です。しかし、突然のことだったので、正月早々から恭仁宮・京の造営を開始しながら、造営全体を担う造宮省が設けられたのは九月でした。この恭仁京は、鹿背山西道を境に、左京と右京が定められ、京内を東から西へ泉川（木津川）が貫流する都城でした。

この恭仁宮の造営では、聖武天皇は平城宮の大極殿を移築させました。しかも、再び平城宮へ戻った後の天平十八年（七四六）に、恭仁宮の大極殿を

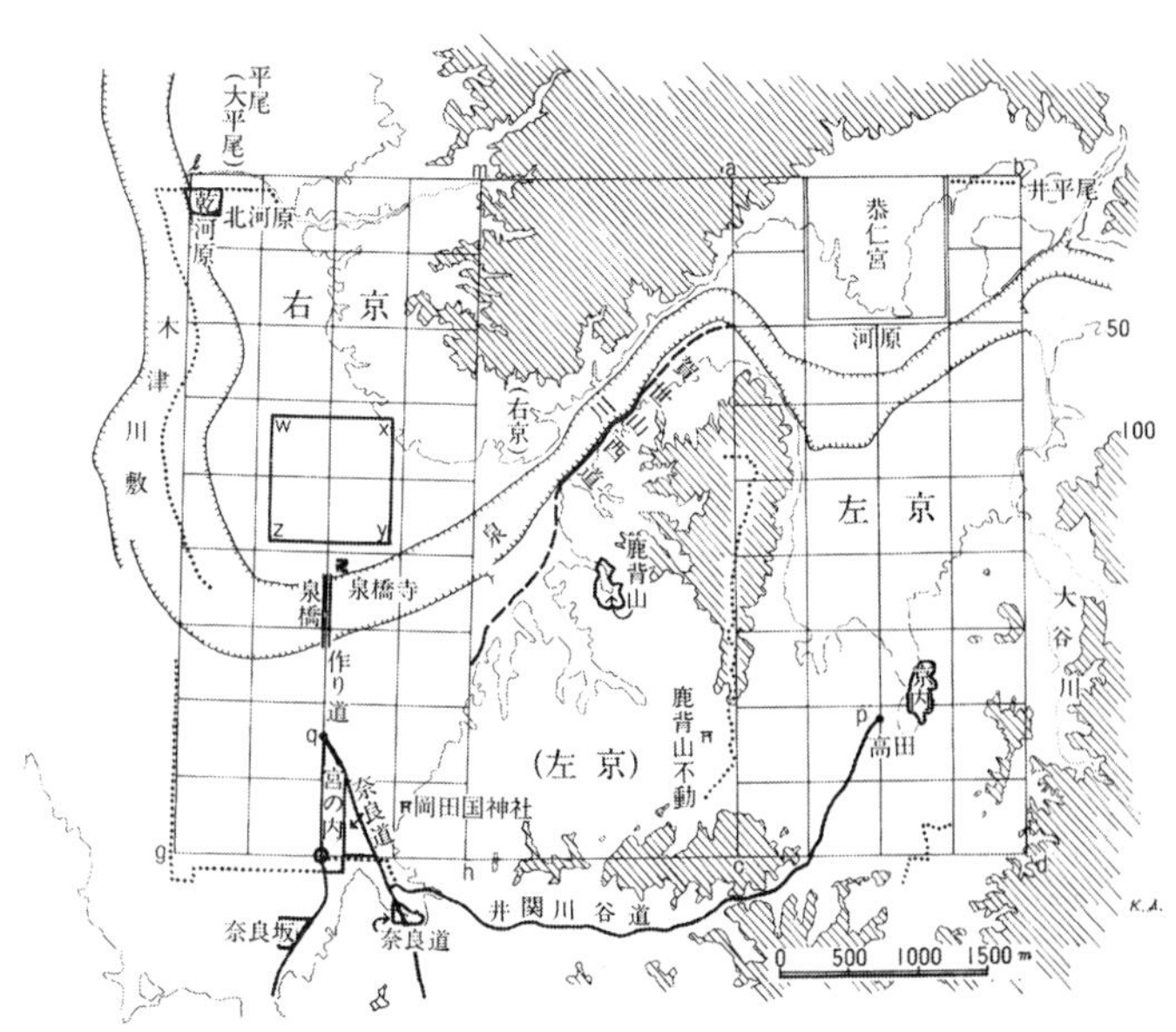

図26　恭仁京復元図（足利健亮案）（足利健亮『日本古代地理研究』）

山城国分寺に施入しました。そこで、歴史地理学者の足利健亮氏は、山城国分寺跡と平城宮跡に残る朝堂院跡などの地割を詳細に比較し、恭仁宮の宮域を一〇〇〇メートル四方に想定し、復元しました。また、恭仁宮の規模をもとに、鹿背山西道を境に、恭仁京の左京・右京の条坊を復元しています（図26）。

この復元図によると、恭仁京は左京の泉川（木津川）右岸の最も高い位置に恭仁宮を設け、京域を東から西へ泉川が貫流する都城であったと推測されます。

聖武天皇の東国出立の目的と理由

ところで、前項で述べた聖武による東国への出立は、藤原広嗣の乱のさなかでしたが、出立時に広嗣は肥前国へ逃亡しており、東国へ避難することが必要な状況とはみなしにくいものでした。これは行幸後に山背の南端に、恭仁宮・恭仁京の造営を行ったことからすると、これこそが目的だったと考えられます。

そこで、恭仁宮・恭仁京を造営するのが主要な目的だったとすると、なぜ東国へ出立したのかを解く必要があります。これを解くには、天平四年（七三二）まで遡る必要があります。

聖武は神亀三年（七二六）、藤原宇合を知造難波宮司に任命し、天武が挫折した難波宮・難波京を再興する造営に着手しました。この難波宮の造営が終わりに近づくと、日本も唐と同じく、平城京と難波京による複都制となったので、多治比真人広成を遣唐大使とする

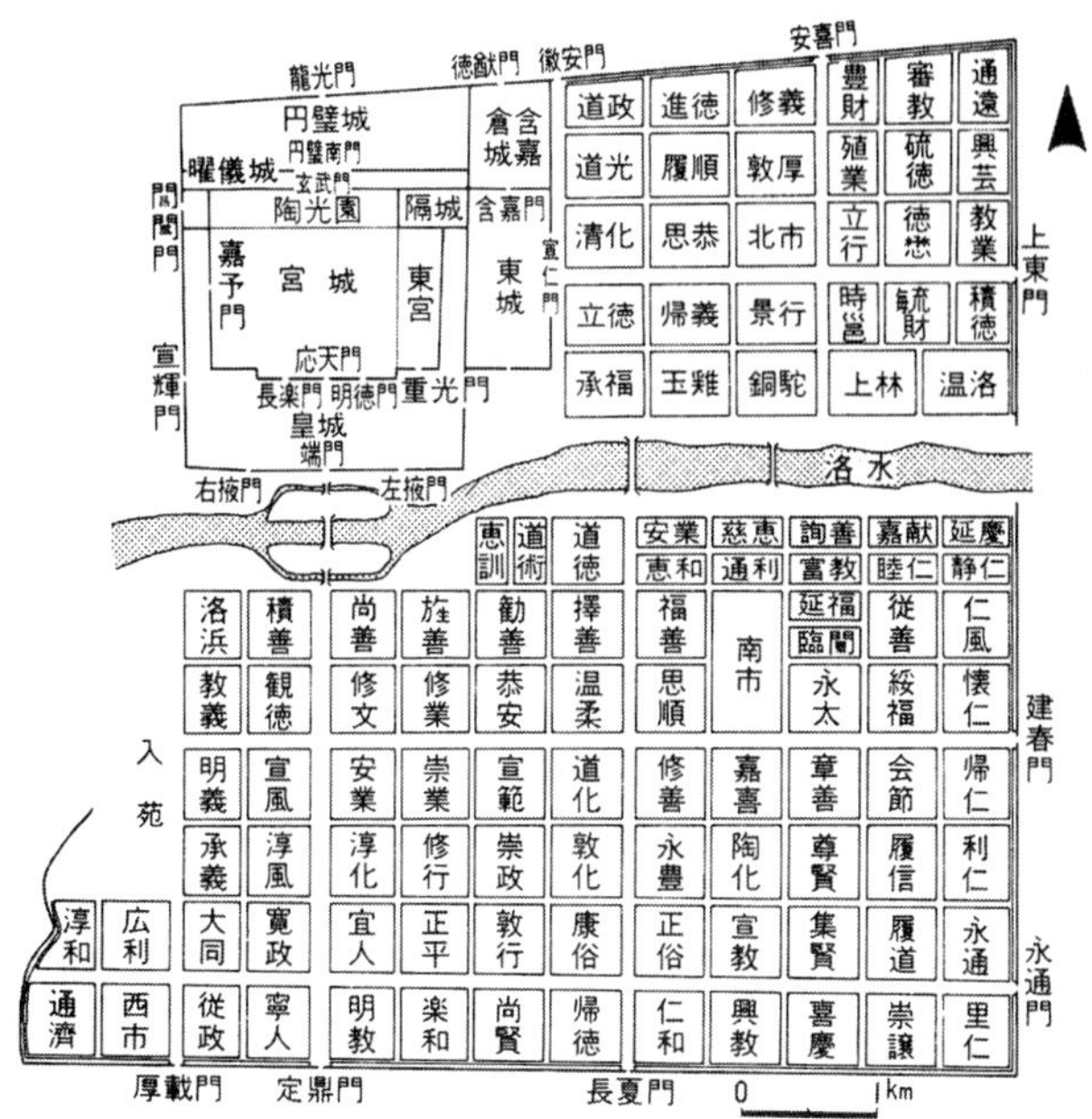

図27　唐洛陽城復元図

（大阪市文化財協会『難波京と古代の大阪』）

図28　洛河（南から）

遣唐使の派遣を計画しました。

広成らは天平五年（七三三）四月に出航し、唐に着くと暮れまでに長安城に入りました。しかし、翌年の唐の開元二二年（天平六・七三四）正月七日、玄宗皇帝は前年が長雨で不作だったので、食糧の豊かな洛陽城へ行幸しました。そこで広成らも洛陽城に向かい、聖武の国書をわたしました。そして天平七年（七三五）三月に帰朝しました。

広成は三月一〇日に、聖武に節刀を返上するとともに、唐は開元十一年（七二三）から長安城を西京、洛陽城を東京、山西省の并州を太原府と呼んで北京として三都制を採用していたこと、訪れた唐洛陽城（図27）は、城内を黄河の支流の洛水（洛河）が西から東へ貫流（図28）し、大運河によって江南から食糧・諸物資が漕運され、じつに経済的に発展していたことを奏上した可能性があります。

唐の洛陽城をモデルに新たな都城を構想

翌年の天平八年（七三六）三月、聖武は泉川（木津川）河畔にある

図29　木津川（泉川、東から）

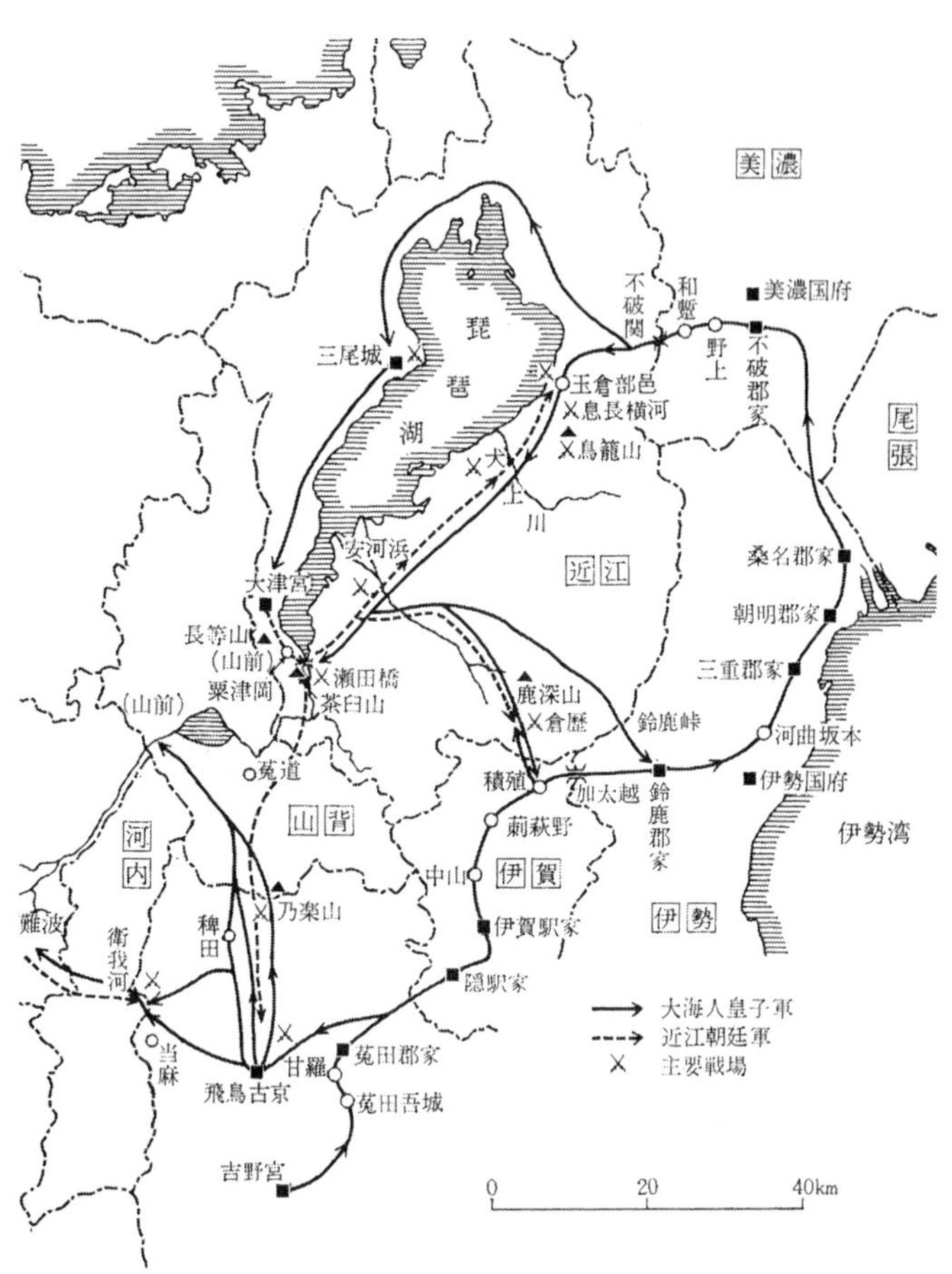

図30　壬申の乱と大海人皇子の動向

（『新修　大津市史』第１巻）

甕原離宮へ行幸しました。また三ヶ月後の六月に吉野宮の離宮を訪れています。前者の行幸は、泉川（木津川）（図29）を訪れ、日本も唐洛陽城をモデルとし、東西に河川が貫流する新たな都城の造営を構想した可能性があります。後者は、新たな都城の造営は難波京の宅地班給をおこなった直後という困難な状況でしたので、天武が吉野から出て壬申の乱（図30）を起こして勝利したのになぞらえ、伊賀・伊勢・美濃・近江をたどって恭仁宮・京を造営する手順を構想したものと考えられます。

壬申の乱になぞらえたのは、そのコースが共通することと、瀧浪貞子氏が『日本古代宮廷社会の研究』（思文閣出版、一九九一年）で述べるように、出立日が、天武が吉野宮から蜂起した同じ壬午であり、天武が伊勢の天照大神を遥拝した丙戌（三日）に、聖武も伊勢神宮へ幣帛を奉っていることからわかります。

三、東北道の開作と紫香楽宮の造営

恭仁宮造営中に紫香楽宮も造営

天平十三年・十四年（七四一・七四二）は、恭仁宮・恭仁京の大造営が進められた年でした。ところが、この大造営中の十四年二月、聖武天皇は恭仁京から近江国甲賀郡への東北道を整備させました。そして八

図31　恭仁宮大極殿跡（東から）

図32　恭仁宮大極殿跡（東から）

月、造宮卿の智努王らに、近江国甲賀郡の紫香楽村に離宮の造営を命じました。紫香楽宮の離宮ができると、八月二七日、紫香楽宮に行幸しました。

ついで聖武は、十二月二九日にも行幸し、正月二日に恭仁宮に還幸しました。そのため朝賀は遅れて、正月三日に行われ、はじめて恭仁宮の大極殿（図31・32）で朝賀を受けました。大極殿は、構築を急いだのか平城宮の大極殿を解体して運んだものでした。この大極殿は、平成二二年（二〇一〇）に平城宮の第一次大極殿として復元されたもので、桁行九間、梁行四間の威厳のある建物でした（図33）。

さらに天平十五年（七四三）四月にも聖武は紫香楽宮へ行幸しました。その時、行幸につき従ったのは、五位以上が二八人、六位以下が二三七〇人でした。この行幸に加わった人たちは、恭仁宮では通常の職務のほかに造営事業をかかえていましたので、各官司に勤務

図33　復元された平城宮第一次大極殿（南から）

した官人たちの三分の一以下だったと推測されます。

恭仁〜紫香楽をむすぶ東北道

恭仁京の東北端から、近江国甲賀郡に造営された紫香楽宮へ距離は、三〇数キロほどで一日の行程でした。このコースは、木津川市加茂町の奥畑から、石寺―白栖―和束―原山―湯船を経て、甲賀市信楽町の朝宮―杵原―信楽―雲井をたどったものと復元されます(図34)。途中には和束川が流れていますが、川沿いは避け、尾根上を進んだものと推測されます。

紫香楽に大仏造立の詔

さらに天平十五年(七四三)七月にも、聖武は紫香楽宮へ赴きました。この時は、そのまま紫香楽宮に逗留し、一〇月十五日に

図34　恭仁宮と紫香楽宮間の切通し道

紫香楽宮の周辺で盧舎那仏の大仏を造立する詔を出したのです。

この『続日本紀』に記す詔には、「盧舎那仏の金銅仏一体を造る。それには国の銅を遣い尽くしてでも銅の仏を鋳造し、大きな山を削って堂を建設し、広く仏法を広める。天下の富と権勢を有するのは朕であり、この富と権勢をもって大仏を造るのはたやすいことである。しかし、それでは造仏の精神に到達しにくい。だが、むやみに人を苦労させることはできない。もし一枝の草や一握りの土をもって応援しようという人がいたならば、許可する」と述べており、盧舎那仏造立への協力を広く求めています。

この盧舎那仏造立の詔によって、聖武が紫香楽宮の離宮を造営した意図がはじめて明らかになりました。この造営のために、東山道・東海道・北陸道の二九国の各地の特産品を貢納する調を、その年は恭仁宮ではなく紫香楽宮に納めるように命じました。

恭仁宮・京の造営を停止

そして、一〇月十九日、聖武が盧舎那仏を鋳造する寺地を定めると、それまで弾圧されていた行基とその弟子たちが造立事業に協力するために参集し、しかも多くの民衆を誘うことになったのです。

大仏造立の作業が始まると、十一月二日、聖武は恭仁宮へ還幸しました。また十二月末には恭仁宮・京の造営を停止しました。造営を開始してから、すでに三年余が経過していました。

この恭仁宮跡は発掘の結果、東西五六〇メートル、南北七五〇メートルで、平城宮の東西一二七〇メートル（ただし東院の東南端部が欠ける）、南北一〇〇〇メートルの規模からすると、四〇パーセントに満たないものでした。

四、盧舎那仏の造立と行基集団

難波遷都の勅

天平十六年（七四四）、聖武天皇は正月から難波京へ行幸する準備をはじめました。しかも、閏正月一日、朝堂に百官を集めると、恭仁京と難波京のいずれを都とすべきか、それぞれの考えを述べさせました。すると恭仁京がよいと述べた者は五位以上が二四人、六位以下が一五七人、また難波京がよいと述べた者は、五位以上は二三人、六位以下は一三〇人でした。

また、藤原仲麻呂を市に遣わし、市人に尋ねたところ、市人のほとんどは恭仁京を願い、難波京と平城京を望む者が一人でした。しかし、聖武は難波への遷都を進めさせ、二月二〇日には恭仁宮から高御座を難波宮に移しました（図35）。

そして二月二六日、左大臣の橘諸兄によって難波遷都の勅が読まれました。しかし、その二日前に、なぜか聖武は紫香楽宮へ行幸しました。そして、紫香楽宮にそのまま滞在し、『続日本紀』天平十六年十一月十三日条は、盧舎那仏の体骨柱ができ、聖武が除幕の縄をひいたことを記しています。

遷都先の意見を聴取した意図

このような難波遷都に関連し、ここでは二つのことを考えてみます。一つは聖武が、百官に都として恭仁京と難波京のいずれがよいかを聴取した意図です。しかも恭仁京を希望する者が多いにもかかわらず、難波遷都を進めたことです。この聖武のアンケートは、難波遷都に対し反対者の数、もしくは比率を知ることだったと推測されます。

勅の直前に紫香楽宮へ行幸した要因

二つに、難波遷都の勅を宣言する二日前に、聖武が紫香楽宮へ出立した要因です。これは難しい問ですが、かつ

図35　聖武朝難波宮の大極殿跡（西から）

図36　行基像（近鉄奈良駅前）

図37　竜門奉先寺の盧舎那仏（口絵参照）

て直木孝次郎氏が推測したように、光明皇后の意向によって予定を変更したものと考えられます。これは、行基（図36）が七七歳の高齢であったので、盧舎那仏（図37）の造営を最優先し、行基とともに早期に完成をはかるためだったと考えます。

大仏造立に行基らが集団で参画した要因

また、聖武が企画した盧舎那仏の造立に、行基と弟子たちが集団で参画した要因も問題になります。これも難しい問題ですが、行基側が記した『行基年譜』の天平十三年（七四一）の記載に、その要因が述べられているように思います。

恭仁宮・京の造営が開始した直後の天平十三年三月十七日、聖武は行基らが建てた泉橋寺を訪れ、一日中、対談したとしています。その時に行基は、インドに給孤独園があり、孤独の人の世話をする施設があるが、わが国にはないので、摂津の猪名野に作りたいと思っていること、また多くの道場・院を建立してきた経緯を述べました。すると、天皇は建立した院々にかかわる官司が寺地を接収することのないようにすると答え、また給孤独園のために、食封一〇〇戸の施入を提示しました。

その後の六月二六日にも、聖武・諸兄と行基は、泉川（木津川）に船を浮かべ会談したと記しています。しかし、この『行基年譜』の記事を検討した井上光貞氏は、「天平十三年記」に記している架橋、道、池、溝、樋、船着場、堀、布施屋の項目の記載のみは、官司に提出したものの写しなので信頼性があるが、それ以外はそのまま信ずることはできないとしました。

しかし、この『行基年譜』は行基側が作成したものです。しかも行基と弟子たちが建てた道場・寺院は、公的に承認されていませんでしたので、行基の高齢化にともない、行く末に危惧をつのらせていたと推測されます。その危惧を聖武が解消したことを記しています。

そこで、著者は、行基集団の危惧が解消しただけでなく、聖武による盧舎那仏の造立が仏教徒として協力できるものであったこと、さらに行基集団に対する国家側による敵対視が解消、もしくは著しく減少すると考えたものと思います。

五、紫香楽宮研究と肥後和男氏

「紫香楽宮阯」として国史跡に

紫香楽宮跡は、古く十八世紀前半の享保年間にだされた『近江輿地志略』に黄瀬村に古瓦が得られるので寺野と呼び、甲賀寺の瓦とみなしています。また『続日本紀』に紫香楽宮に行幸、甲賀宮とも記されていますが、同一のものとしています。

図38　史跡紫香楽宮跡（南から）

また、『淡海温故録』には、信楽で大仏殿の造営が行われ、甲賀寺とも信楽寺ともいい、黄瀬村に大仏殿の旧跡として寺野、内裏野に礎石が残っていることを述べています。

このように、古くから内裏野の地は、紫香楽宮、甲賀宮、甲賀寺の対象として注目されていました。大正九年（一九二〇）、史蹟名勝天然紀念物保存法が制定されると、史跡の候補になりました。

大正十二年（一九二三）四月、史蹟名勝天然紀念物調査官の黒板勝美氏が一二九個の礎石を視察し、氏の指示で村の青年団がさらに礎石を探索し、一一六個が新たに追加され、二五七個になりました。

そこで、大正十三年（一九二四）一月二四日、内務省が史跡に仮指定し、大正十五年（一九二六）一〇月二〇日に正式に「紫香楽宮阯」として国史跡に指定されました（図38〜41）。

発掘調査では寺院の伽藍

ところが、昭和四年（一九二九）秋、そのころ滋賀県保勝会に委嘱され、大津京の研究にたずさわっていた肥後和男氏は、奈良時代の宮殿遺跡でこのように礎石がよく残る例がなく、史跡の建物の配置が寺院跡と類似するので発掘調査を申請しました。

翌年にその申請が許可され、一月に発掘調査を行うと、それまで史跡の東で見つかっていた門の北から塔跡の礎石が検出されました。

これによって、この史跡の建物群は、紫香楽宮ではなく、寺院の伽藍であることが明らかになりました。

肥後氏は、昭和六年（一九三一）に刊行された発掘調査報告書（「紫香楽宮阯の研究」『滋賀縣史蹟調査報告』第四冊）で、新たに作成した遺跡の図面を示し、南に中門、その北に金堂（図39・40）、講堂、

図39　金堂跡（西から）

図40　金堂跡（南から）

図41　南面回廊跡の発掘（西から）

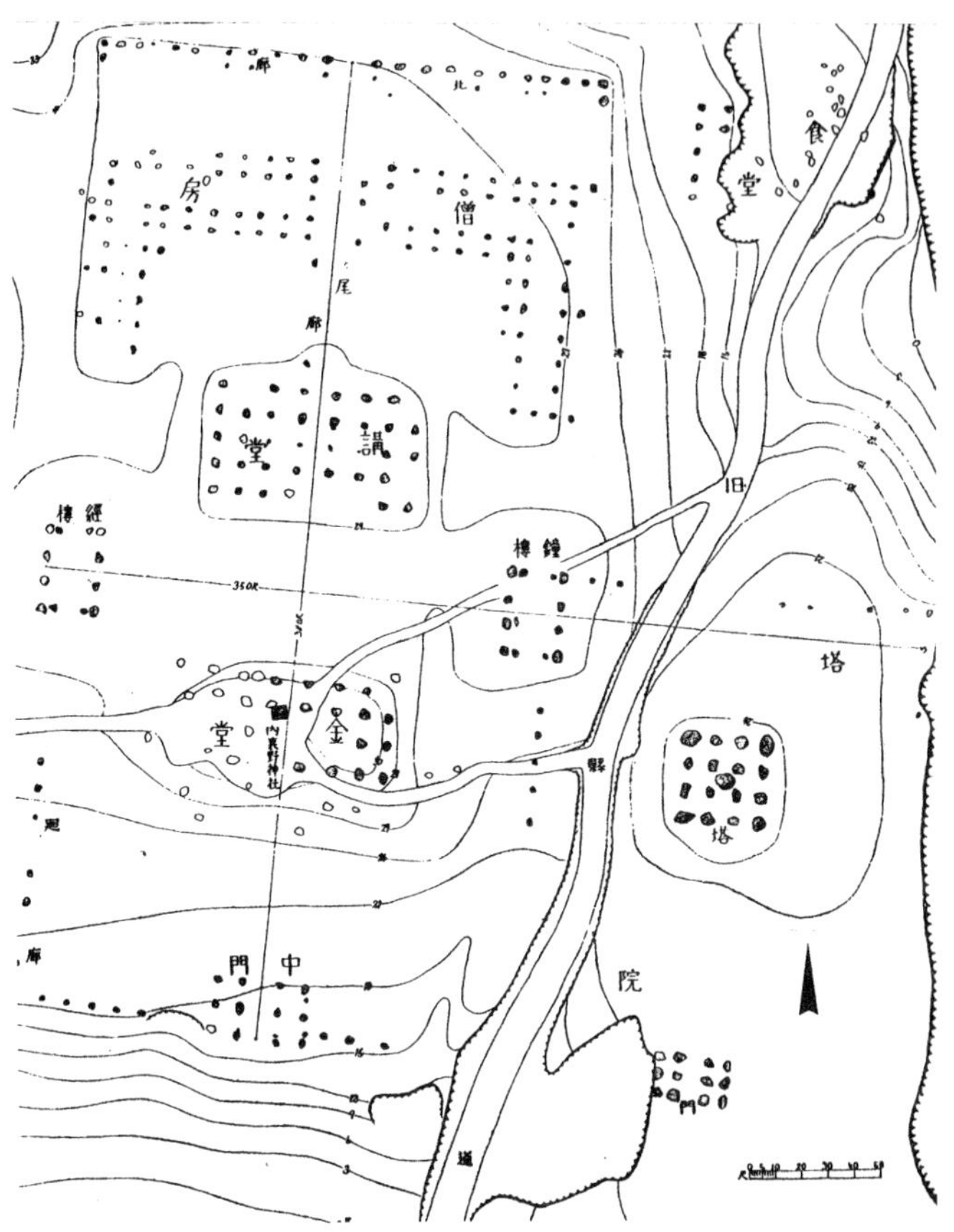

図42　伽藍全体図（肥後和男『滋賀縣史蹟調査報告』第４冊）

図43　伽藍の復元映像（甲賀市教育委員会提供）

鐘楼、経楼、その北にコ字型の僧房、さらに東に離れて南門・塀と塔からなる塔院が設けられた伽藍であったことを述べています（図42・43）。そして、『続日本紀』による聖武天皇によって紫香楽宮が造営された経過、天平十五年（七四三）一〇月十五日条による盧舎那仏の造立、これに行基らが参加したこと、また何故に大仏の造立をここで行なったのか。さらに『正倉院文書』に収録された、甲賀宮に関連する天平十七年（七四五）二月以降、各官司から民部省に大粮（食糧）を請求した文書にも言及しています。

　また、肥後氏はこの内裏野で見つかった遺跡は、東大寺の伽藍と類似し、瓦は山城国分寺と同一のものであるとし、さらに、この伽藍の遺跡は、『正倉院文書』の天平勝宝三年（七五一）十二月二八日付の「奴婢見来帳」に、「甲賀宮国分寺工家」と記されているので、甲賀宮国分寺であるとしました。しかも、甲賀宮国分寺の意味は、一つは甲賀宮を後に近江国分寺に改めたもの、二つに甲賀宮は甲賀寺であり、また国分寺でもあると考え、このうち前者が妥当なものとみなしました。

紫香楽宮・甲賀宮を寺院に改修か

　さらに、甲賀宮は『続日本紀』天平十七年（七四五）正月条に、朝堂、大安殿、御在所などが記され、紫香楽宮離宮の造営にあたってここを選んだが、これが甲賀宮でもあり、未完成の宮城で、廃都後に寺に改めたものとしました。しかし、ここを甲賀寺とすると、金堂が小規模で、大仏殿とはみなせません。そこで、後に近江国分寺に改修したもので、甲賀寺はこの丘陵のどこか他所に所在すると記しています。

　このように、肥後氏はこの史跡の遺構は、紫香楽宮・甲賀宮を寺院に改修したとみなしたので、紫香楽宮阯の指定解除は免れました。

六、宮町遺跡で見つかった掘立柱建物群

発掘せずに旧状のまま史跡跡整備

史跡紫香楽宮（しがらきのみや）跡は、礎石がよく残っていることから、一九六三～六七年（昭和三八～四三）に、史跡整備が行われました。この史跡整備は、それまで史跡は旧状のままに維持する方針から、多くの市民が史跡を見た際にわかるようにし、活用するという国の史跡に対する新たな施策により、大阪府枚方（ひらかた）市の百済寺（くだらじ）跡についで実施されたものでした。この史跡整備は、滋賀県教育委員会の水野正好（みずのまさよし）氏が担当し、発掘することなく、旧状のままに基壇の整備などを行ない、説明板も設けられました。これによって、みごとに礎石が残る古代寺院の伽藍がわかるようになりました。

圃場整備中の水田で三本の柱根が出土

その後の一九六九年（昭和四四）から、信楽町（しがらきちょう）雲井地区で圃場（ほじょう）整備がおこなわれ、ついで宮町地区でも実施されました。この宮町地区の圃場整備中の水田から、地権者によって柱根（ちゅうこん）三本が拾われました。このことが一九七五年（昭和五〇）に、信楽町教育委員会の知るところとなり、滋賀県教育委員会に連絡した結果、古代の掘立柱（ほったてばしら）建物の柱根であることが判明しました。

しかし、圃場整備が終了した直後の水田で、発掘調査を実施することは難しく、宮町遺跡の北辺部で初めて発掘調査ができたのは九年後の昭和五九（一九八四年）一月～三月のことでした。

四面庇をもつ東西棟建物も

その第四次調査（一九八六年）で、掘立柱建物の柱穴の他に検出された溝から「奈加王」「垂見□」「天平十□年」と記した木簡が出土しました。さらに第十三次調査（一九九二年）では、大型の四面庇をもつ東西棟建物が検出され、しかも周辺の溝や整地土から、「天平十五年十月十三□」と記す木簡、表に「駿河国駿河郡宇良郷戸春日部小麻呂戸春日部若麻呂」、裏に「調荒堅魚七連一節　天平十三年十月」と記す調として貢納した堅魚に付けた荷札木簡など、数十点の木簡と三〇〇点を超える木簡の削屑が出土し、ここに紫香楽宮が所在した可能性がにわかに高まりました。

さらに西南部で行われた第二〇次調査（一九九六年）でも、溝などから数十点の木簡と二〇〇〇点に近い削屑が出土し、紫香楽宮の存在をさらに強めました。

中央部で長大な南北棟建物が検出

そして、平成十二年（二〇〇〇）四月、宮町遺跡の中央南部で行った第二八次調査で、桁行二四間以上（一〇〇メートル以上）、梁行四間（十一・九メートル）で、全長が一〇〇メートルを超えるという長大な南北棟の掘立柱建物が見つかりました。翌年の平成十三年（二〇〇一）四月にも、その東方

図44　東の長大建物遺構（東朝堂跡、南から）

図45　正殿跡（大安殿跡、南から）

で実施した第二九次調査で、西の長大建物と同様の対となる南北棟建物が検出されました（図44）。

さらに平成十四年（二〇〇二）には、長大な二棟の南北棟建物の中間の北端部で、桁行九間（三七・一メートル）、梁行四間（十一・九メートル）で、四面庇のつく大型の東西棟建物が検出されました（図45）。この大型東西棟建物は、二棟の南北棟建物の中軸線上に配されているので、まさに正殿と想定されるものです。

また、その北でも桁行九間、梁行四間の東西棟建物があり、その建物の構築を変更し、桁行五間の北門と東西塀が設けられています。さらに、北門の北では東と西に桁行七間、梁行五間、北と南に二面庇をもつ東西棟建物が配されていることも明らかになりました。

このように、宮町遺跡の発掘では、平成十二年（二〇〇〇）に中央南半部で長大な南北棟建物が検出されたのを契機に、その付近にこの遺跡の中心となる建物が集中して配されていることが判明しました（図46）。

七、判明した紫香楽宮の殿舎配置

長大な東西対の南北棟2棟の北に大型の東西棟の殿舎など

宮町遺跡で見つかった掘立柱建物は、遺跡の中央南半部に、長大な南北棟が東と西に対に建てられていました。これらの二棟の長大建物による空間の北端部に桁行九間、梁行四間の四面庇をもつ大型の東西棟の殿舎が配されていました。さらに北門の北側に、大型の北と南の二面庇をもつ大型の東西棟が配されていました。

『続日本紀』天平十七年（七四五）正月一日条は、にわかに新京に遷都し、山を切り開き、平地を造成して皇居を造ったが、垣や塀が未完成なので、幕をはりめぐらせ、兵部卿の大伴宿禰牛養と衛門督の佐伯宿禰常人に、大楯と槍を宮門に立てさせた、と記しています。また、この一日、聖武天皇は御在所で五位以上の官人らと宴を催しました。さらに、同七日条に、聖武は大安殿に出御し、五位以上の官人らと宴を催し、一方で叙位の儀式がおこなわれました。これに続き主典以上の官人たちも朝堂で饗宴を行ったことが記されています。

これらの『続日本紀』天平十七年正月一日と七日の記事を見ると、にわかに遷都した甲賀宮（紫香楽宮）に、大安殿と朝堂、さらに聖武の御在所が建てられていたことがわかります。

南北棟２棟は朝堂　東西棟は大安殿か

宮町遺跡は甲賀宮とすると、長大な二棟の南北棟は朝堂、その朝庭に設けられた大型の四面庇建物は、まさに大安殿とみなして間違いないものです。朝堂は、平城宮では十二堂、聖武朝の難波宮には八堂が配されていました。しかし、甲賀宮（紫香楽宮）では、二棟の長大な建物を四区分して間仕切りし、八堂として使用したものと思います。

また、聖武の御在所は、大安殿の北方で見つかっている東もしくは西の両面庇付き建物と推測されます（図46）。この内裏の御在所は、恭仁宮跡では、内裏東地区と内裏西地区が見つかっています。このうち内裏東地区は大型の正殿と後殿が配され、西区は小規模な殿舎一棟のみが配されているので、東が聖武、西が元正太上天皇（上皇）の御在所と推測されます。

このようにみてよいとすると、甲賀宮でも、恭仁宮と同じく東の殿舎が聖武、西が元正太上天皇の御在所と考えられます（図47）。

七〇〇〇点の木簡が出土

さて、宮町遺跡からは七〇〇〇点におよぶ多くの木簡が出土しています。

一九九七年（平成九）の第二二次調査では、西大溝から歌を記した二片の

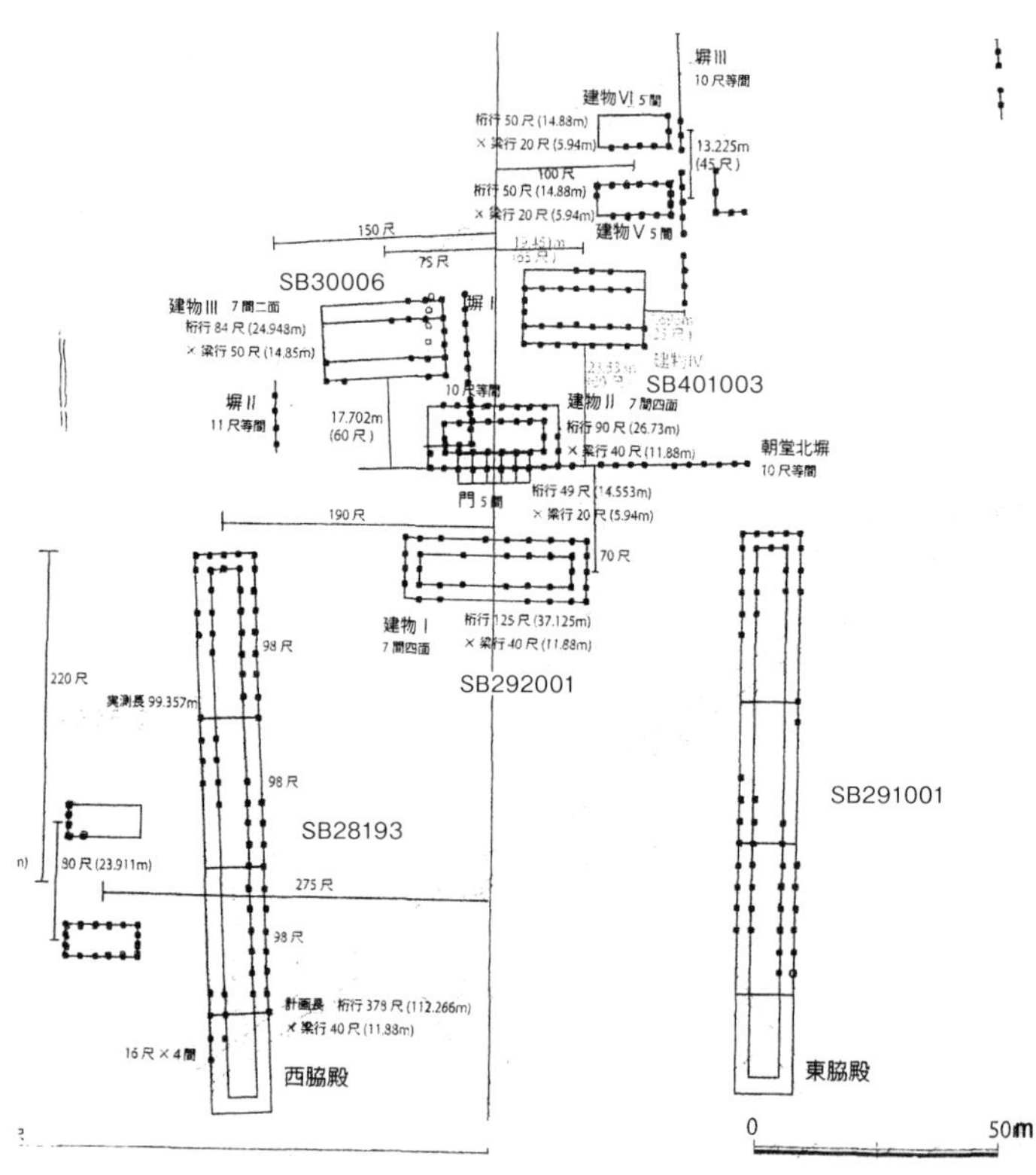

図46　宮町遺跡の遺構配置図（甲賀市教育委員会提供）

図47　復元された大安殿と御在所（甲賀市教育委員会提供）

歌木簡が出土しました。

この歌木簡は、「奈迩波ツ尓（なにはつに）」と「久夜己能波（くやこのは）□□由己母（ゆこも）」との二片に割れていましたが、

難波津に　咲くやこの花　冬ごもり　今は春へと　咲くやこの花

（難波津（なにわつ）に　花がさいたよ　冬の間はこもっていた花が　いよいよ春だと　この花が咲いたよ）

と詠った難波津の歌を記した木簡でした。

なお、「この花」は梅の花です。この歌木簡は元の長さを復元すると六〇センチほどになります。

その後、この難波津の歌を記した歌木簡の裏面にも、「阿佐可夜（あさかや）」「流夜真（るやま）」と歌が記されていることが判明しました。これは、『古今集』の仮名序に、難波津の歌と父母の歌とされている、

安積山　影さへ見ゆる　山の井の　浅き心を　わが思はなくに
（安積山の澄んだ泉がはっきりと姿をうつすように私の心も澄んでいます。決して浅い気持ちであなたを思っているのではありません）

と詠んだ安積山の歌（『万葉集』巻十六―三八〇七）が記されていることが判明し、話題になりました。ということで、安積山の歌も、紫香楽宮の宮廷人たちによく知られた歌だったことが判明しました。これは古代文学の研究にとっても大きな成果でした。

紫香楽宮の中枢部と官衙の殿舎の一部が検出され、多くの木簡も出土した宮町遺跡は、平成十七年（二〇〇五）に、紫香楽宮跡として国史跡に追加指定され、保存されることになりました。著者は、この宮町遺跡の発掘調査と研究の協力者の一人として、じつによろこばしく思っています。

八、紫香楽宮の離宮と甲賀宮の陪都

紫香楽宮造営と大仏造立　天平十四年（七四二）八月、聖武天皇は恭仁宮・京の造営中に、近江甲賀郡に紫香楽宮の離宮を造営させました。そして、天平十五年（七四三）

七月二六日に紫香楽宮に行幸すると、そのまま滞在し、一〇月十五日、紫香楽宮の付近で盧舎那仏造立の詔をだしました。その直後、盧舎那仏造立に行基とその集団が参集し、行基らが中心となってこの造立を進めることになったのです。

聖武は恭仁宮・京の造営を天平十五年（七四三）末で中止しました。恭仁宮・京の造営は、すでに三年が経過し、恭仁宮の大極殿も平城宮から移して完成していました。天平十六年（七四四）正月、聖武は難波遷都を計画し、閏一月十一日、難波宮に行幸しました。二月二〇日には高御座も難波宮に移しました。しかし、二月二四日、聖武は突然に難波宮から紫香楽宮に行幸し、その二日後の二六日、左大臣の橘諸兄によって難波遷都の勅が読まれました。

『続日本紀』にみる甲賀宮

聖武が紫香楽宮に行幸した後の『続日本紀』四月二三日条は、「紫香楽宮を造営し始めた」が、百官の官衙が未だ完成しないので、官衙別に公廨稲（官衙が出挙する利稲）を用いることを記しています。ここでは「紫香楽宮を造営しはじめた」と記していますが、紫香楽宮の離宮は完成していますので、紫香楽宮の改修、もしくは、新たに百官のために甲賀宮を造営したことが考えられます。

天平十六年十一月十三日、行基らによる盧舎那仏の体骨柱（銅を流す前の塑像仏）が完成したので、聖武は除幕式を行いました。その直後の十四日、難波宮から元正太上天皇

（上皇）が造営中の甲賀宮を訪れました。この元正太上天皇が甲賀宮に訪れたことは、甲賀宮には、聖武の居処の御在所とともに、元正太上天皇の御在所も完成していたものと推測されます。

『続日本紀』天平十七年（七四五）正月一日、聖武は新たに造営した甲賀宮に大楯（おおたて）と槍（ほこ）を立てさせ、ここに遷都したことを示しました。そして、聖武の御在所で五位以上の官人らと宴を催しました。また、七日には、大安殿で五位以上の官人らと宴を開催しました。そして主典以上の官人らも、朝堂（ちょうどう）で饗宴を催しました（図48）。

図48　復元された甲賀宮朝堂院
（甲賀市教育委員会提供）

宮町遺跡は聖武が政務をになうために設けた甲賀宮

さて、発掘調査を行った甲賀市宮町遺跡からは、二棟の朝堂と大安殿が検出されていますので、まさに『続日本紀』天平十七年正月に記す甲賀宮に相当します。ここは、木簡が多量に出土する低平な地で、離宮を営む地には相応しい地とはいいにくく、離宮の紫香楽宮を改修したものとはみなしにくいものです。宮町遺跡は、聖武が政務をになうため、また百官が政務をおこなうために、新たに設けた甲賀宮とみなされます。

そこで、どのような要因から聖武が新たに甲賀宮を造営し、遷都したかが問題になります。これは紫香楽宮の付近で盧舎那仏の造立をすすめる行基が高齢の七七歳なので、一体となり早期の完成をめざしたものと推測されます。それには、聖武はここで政務を担う必要がありますので、新たに宮町遺跡に官衙を主体とする甲賀宮を造営したものと考えられるのです。

平城宮・京と三つの陪都の四都制

このようにみると、聖武は即位後に陪都（ばいと）として難波宮・京を再興しました。ついで山背（やましろ）に唐の洛陽（らくよう）城をモデルとした恭仁宮・京を造営しました。さらに天平十七年（七四五）正月には、近江甲賀郡に甲賀宮の宮殿・中央官衙を造営して遷都しました。したがって、聖武は、唐と同じ三都制をめざしながら、結果的には平城宮・京のほかに三つの陪都を造営しており、四都制を採用することになったのです。

九、聖武天皇と天然痘の感染拡大

唐の三都制

聖武天皇は、即位後の神亀三年（七二六）、天武天皇が着手しながら挫折した難波宮・京の再興に着手しました。そして難波宮がほぼ完成すると、日本も唐と同じく複都制となったので、天平四年（七三二）八月、多治比真人広成を遣唐大使とする遣唐使の派遣を計画しました。天平五年（七三三）四月、広成らは難波津を出航し、唐に向かい、暮れには長安城に着きました。

開元二二年（天平六、七三四）正月、前述しましたように、玄宗皇帝は、前年に長雨で不作だったので、一月七日に食糧の豊かな洛陽城へ行幸しました。そこで広成らも洛陽城へ赴き、玄宗皇帝に聖武の国書をわたしました。

天平七年（七三五）三月一〇日、唐から帰朝した広成は、聖武に節刀を返上しました。その際に、唐は開元十一年（七二三）以来、山西省の并州を太原府と呼んで北京とし、長安城・洛陽城による三都制をなしていたことと、唐洛陽城は、城内を幅一キロの黄河の支流の洛水（洛河）が東西に貫流し、大運河によって江南から食糧、各地から諸物資が漕運され、じつに発展した都城であったことを奏上したものと推測します。

天武にならった東国行幸

天平八年（七三六）三月一日、聖武は泉川（木津川）河畔にあった甕原離宮に行幸し、唐洛陽城と同様に木津川が貫流する恭仁宮・京の造営を計画したものと推測されます。

さらに、六月二七日、聖武は吉野宮離宮（図49）に行幸しました。この吉野宮で、恭仁宮・京の造営を、天武による壬申の乱になぞらえ、東国へ行幸し、美濃から近江を経た後に造営することを計画したものと思います。これは難波京の宅地班給（天平六年九月）をおこなってからまだ間もないので、新たに恭仁宮・京を造営することが困難な状況と考えたことが要因であったと推測されます。

図49　吉野宮跡（宮滝遺跡）

しかし、聖武は、翌年の天平九年（七三七）一〇月、しかも天武が壬申の乱を起こした壬午の日に出立することまで計画したものと思います。

天然痘の流行と藤原広嗣の乱

ところが、天平七年（七三五）八月から大宰府管内で天然痘の感染症が拡大し、恭仁宮・京の造営を計画した天平九年（七三七）には、平城京でも天然痘が感染拡大し、藤原房前、麻呂、武智麻呂、宇合が相次いで病死しました。

しかも、この天然痘の感染症拡大は、藤原四子に陰謀によって自害させられた長屋王の怨霊とする風聞が平城京・畿内で広まりました。そこで、一〇月二〇日、聖武は平城宮の南苑に出御し、長屋王の子の安宿王、黄文王、円方女王、紀女王、忍海部女王に従四位下を授けました。これは寺崎保広氏が説くように、聖武も天然痘の感染拡大を長屋王の祟りとみなし、叙位によって対処せざるをえなかった可能性が高いものです。

天然痘の感染症は、翌一〇年中におさまったので、天平十一年（七三九）三月、聖武は元正太上天皇（上皇）とともに甕原離宮へ行幸し、恭仁宮・京を造営する計画に対し、元正の了解を得たものと思われます。そして、翌年の天平十二年（七四〇）一〇月の壬午の日に出立することにしました。しかし、天平十二年（七四〇）九月三日、大宰府管内で予期せぬ藤原広嗣の乱が起こったのです。

このような経過をみますと、聖武の東国行幸は、これまで要因とされている広嗣の乱、あるいは恭仁宮・京の造営の要因とされている天然痘の感染症拡大による平城京の汚染とはまったくかかわらないことであったと考えられます。

そして、聖武による竜門の盧舎那仏をモデルとした紫香楽宮付近での大仏造立、各国に命じた国分寺・尼寺の建立も、長屋王の怨霊と風聞された天然痘の感染症が、再びおこらないように対処したものだったと推測されます。

さて、宮町遺跡の立地からみて、離宮の紫香楽宮と宮町遺跡で見つかった甲賀宮は同一でない可能性が高いものです。

紫香楽宮の離宮は内裏の北に造営か

このように理解しますと、紫香楽宮の所在地を別に求める必要があります。二〇一七年（平成二九）、甲賀市信楽町の内裏野の北端部近い東山遺跡から、大型の掘立柱建物が見つかりました（図50・51）。この建物は、高床式のものでした。二〇一八年（平成三〇）十二月、東山遺跡の西側でも、掘立柱建物が検出されています。

これらの発掘調査からみますと、聖武が造営した紫香楽宮の離宮は、内裏野の北端部に造営された可能性が高くなりました。今後の進展が注目されます。

図50　東山遺跡（南から）

図51　東山遺跡の建物跡（南から）

第三章　保良宮跡をさがす

一、文献にみる保良宮・京の造営

淳仁天皇の即位

奈良時代の後半のこと。天平宝字二年（七五八）八月、孝謙天皇は、母の光明皇太后に尽くすために譲位し、皇太子だった大炊王が淳仁天皇として即位しました。

淳仁は、天武天皇の子である舎人親王の第七子です。天平勝宝九歳（七五七）三月、それまで皇太子だった道祖王が聖武太上天皇（上皇）の諒闇（天子が父母の喪に服す期間）中に、不謹慎だったとして廃されたとき、孝謙によって皇太子になっていたのです。

保良宮の造営

翌年の天平宝字三年（七五九）十一月十六日、造宮省の中臣丸連張弓、長野連君足ら五人が近江に派遣され、保良宮の造営を開始しました。

そして、天平宝字五年（七六一）正月二一日、保良宮の周辺に造られた保良京で、宅地の班給がおこなわれました。『続日本紀』には保良京の造営のことは記されていませんが、京の造営もおこなわれていたのです。

天平宝字五年（七六一）一〇月十一日、大師（太政大臣）の藤原仲麻呂、船親王・池田親王ら皇族や高官に、保良京で邸宅を造営する経費が与えられています。そして、一〇月十三日、淳仁と孝謙（上皇）は平城宮から保良宮へ行幸しました。

保良宮への到着後の一〇月十九日、淳仁と孝謙は、近江按察使（諸国の行政を監察した官）であった藤原御楯の邸宅、そして大師であり、近江の国守でもあった藤原仲麻呂邸を訪れ、饗宴しました。

離宮ではなく複都制の陪都

遅れて、『続日本紀』天平宝字五年（七六一）一〇月二八日条は、平城宮を改作（図52・53）するので、暫く保良宮に滞在すること、近江の民衆や左右京・大和・和泉・山背などのその年の田租を免じています。近江をはじめ、これらの地域の多くの役民が保良宮、保良京の造営に駆り出されものと思われます。そして、新たに造られた保良宮・京は、平城京に対し、北京と呼ばれました。

『正倉院文書』天平宝字五年（七六一）十二月二三日の紫微中台（皇后宮を改称した機関）の名称を変えた坤宮官の文書には、保良宮は「保良宮離宮」と記しています。しかし、諸官司の官人らに保良京で宅地を班給していますので、離宮ではなく、保良宮・京は、複都制の陪都として造営されたものでした。

　また、『正倉院文書』には、保良宮に仁部省（民部省）、文部省（式部省）、左衛士府などの官司が記されており、ここで天皇が政務を執行するために、坤宮官をはじめ、諸官司が平城宮から移っていたことがわかります。

　さて、造営された保良宮は、天平宝字六年（七六二）正月には、「朝を廃む。宮室未だ成らざるを以てなり」と、朝賀の儀式を行うほど宮室の整備は進展していなかったようで、中止になりました。そして、三月三日に、保良宮の西南に池亭があったようで、曲水の宴が催されています。

図52　平城宮の内裏（いざない館の模型）

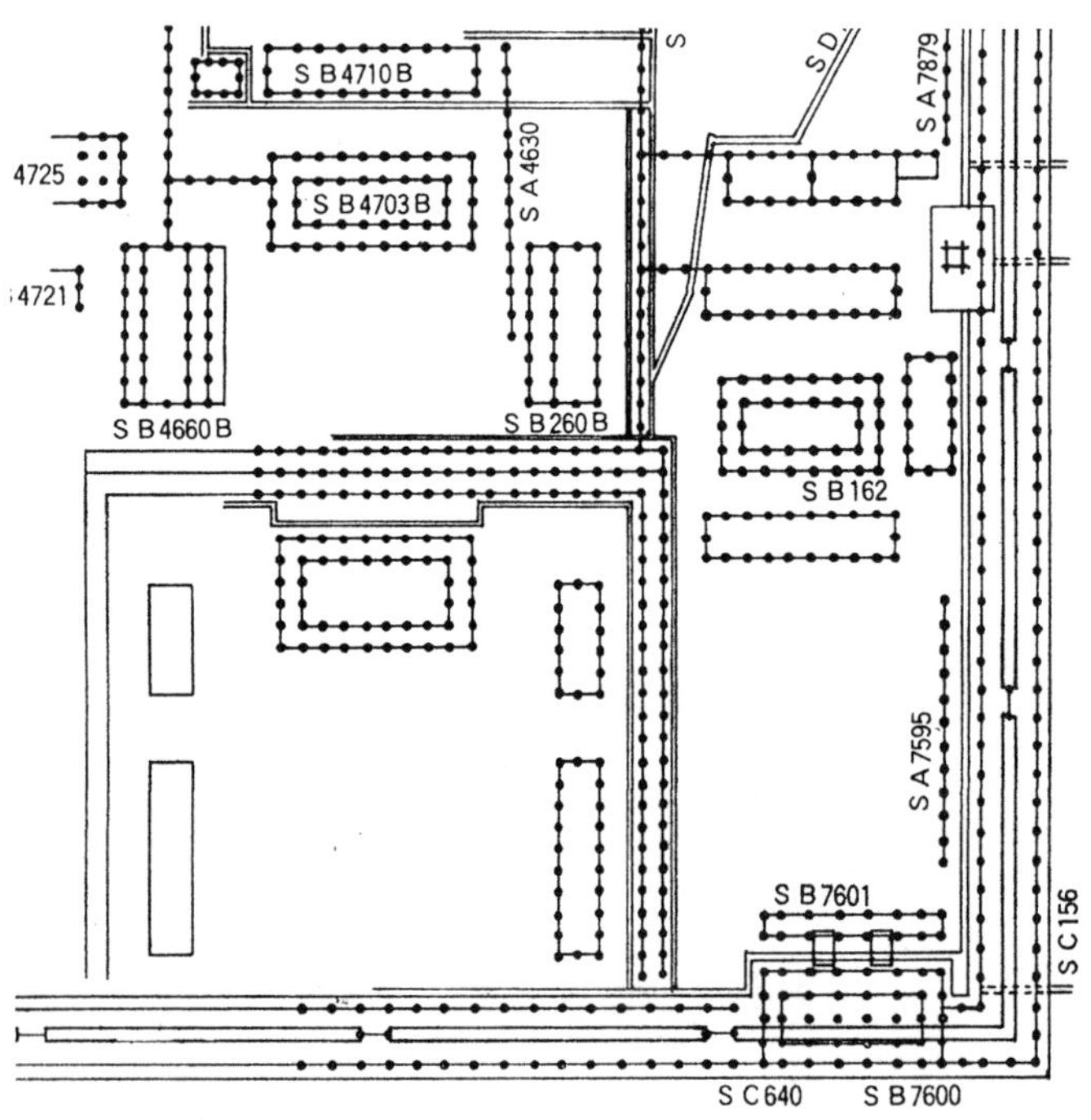

図53　平城宮第Ⅲ期の殿舎配置（奈文研『平城宮跡発掘調査報告』XIII）

石山寺を大増改築

　このように、『続日本紀』は、平城宮の改修にともなって、近江の保良宮・京へ遷ったことを記しています。しかし、「暫く」と記していますが、保良京を併せて造営したのは、短期間を想定したものではなかったものと推測されます。

　近江の保良宮に遷ったので、保良宮の近くあった石山寺で写経事業をおこなうため、十二月から造東大寺司によって小寺院だった石山寺を大増改築する工事がにわかに進められることになりました。この石山寺の大増改築工事は『正倉院文書』に、造営に関連する文書がよく残っており、詳細に知ることができます。また、保良宮の所在地も石山寺の付近にあったものと推測されています。

二、これまでの保良宮・京の研究

一年未満で平城京へ還都

　保良宮・京は、遷都した翌年（七六二）五月二三日、保良宮で孝謙太上天皇（上皇）が看護を受けた僧・道鏡をめぐり、淳仁天皇と孝謙が不和になりました。この日、二人は平城京へ還都しましたので、保良宮・京は一年にも満たないじつに短命な陪都になってしまいました。

その後、保良宮の所在地は不明となり、神護景雲二年（七六八）に作成された「大和西大寺文書」に記す保良庄が拠り所ということになりました。

国分洞ノ前の「へそ石」

さて、古く昭和三年（一九二八）に刊行された『滋賀県史』第一巻は、保良宮は滋賀郡石山村国分の洞ノ庄にあったとしています。

ついで、昭和八年（一九三三）、肥後和男氏は、国分の洞ノ前にある礎石「へそ石」と洞（保良）神社があり、ここを保良宮跡とする考えがあるが、「へそ石」の礎石（図54）は近くの石材産地で造られたものと推測しています。そして、近江の定額寺である国昌寺は、石山村国分にあったと考え、保良宮の跡を国昌寺にしたと推測しました。

図54　へそ石

石山寺周辺説

また、同年に建築史家の福山敏男氏は、保良宮は石山にあったと想定します。そして石山寺の大増改築工事と関係があるので、石山寺に近いところに推測しました。さらに、大井重二郎氏は、『上代の帝都』（立命館出版部、一九四四年）に、保良宮の擬定地の国分洞山の地は、狭いので適さないとしました。そして、東北方に広がる高台の地を想定しています。

戦後の研究

戦後の昭和三〇年（一九五五）、瀧川政次郎氏は、保良京の南限は、伽藍山の西北隅と近津尾神社を結ぶラインに、北限は北大路とし、三方を山に囲まれ、湖水に臨んだ四神相応の地であったとしました（『京制並に都城制の研究』角川書店、一九六七年）。

また、昭和四八年（一九七三）、村井康彦氏は、保良宮・京へ遷都した歴史的背景として、天平宝字三年（七五九）以降の藤原仲麻呂による新羅征討計画の推移をたどり、近江の琵琶湖畔の保良宮・京に都を遷し、その基地としたとみなしました（村井『古京年代記　飛鳥から平安へ』角川書店、一九七三年）。その翌年、八木充氏も石山国分一帯とし、北京をこの地に営んだ理由は、村井氏の見解を踏まえ、恵美押勝（藤原仲麻呂）が唐王朝で起こった安史の乱を、新羅を征討する好機と受けとめ、保良宮・京へ遷都したものと想定しました（『古代日本の都　歴史遷都の謎』（講談社現代新書、一九七四年）。

平成以降の研究

平成元年（一九八九）、西田弘氏は、福山敏男氏の教示によるとして、唐の僧・法進が著した「日本大蔵経小乗律章疏一」の「沙弥十戒并威儀経疏」巻第五の奥書に、淳仁の行幸によって保良宮に行き、国昌寺に居したとする記載から、国昌寺は保良宮の近くに併存していたとし、肥後氏の説を否定しました。また、国昌寺の推定地から南西六〇〇メートル、東海道新幹線建設の予定地に国分尼寺があったと推測し、保良宮の後に建てたのではないかとしています。

平成三年（一九九一）、林博通氏は、保良宮は石山国分一丁目、光が丘町の台地上にある石山国分遺跡の周辺に想定します。この石山国分台地には、定額寺で後に国分寺となった国昌寺があり、国昌寺は保良宮の近くに並存していたとみなしています。また林氏は、石山国分遺跡の第一次調査地（晴嵐小学校敷地）と第二次調査地（西南の東海道新幹線建設予定地）の発掘結果と出土瓦から、石山国分台地に保良宮と国昌寺があり、弘仁十一年（八二〇）以降に国分寺、さらに国分尼寺があったとしました（図55）。

新羅征討の本拠地化が主要因か

このように、保良宮・京の研究をたどると、昭和四八年（一九七三）以降、保良宮・京への遷都は、平城宮の改作が主要な要因ではなく、新羅征討の本拠地とすることだったことが明らかにされました。しかし、遺跡の所在地を求めるには、さらに想定される擬定地の発掘の進展が必要です。

図55　保良宮関連遺跡図

三、保良宮・京の遷都と石山寺の大造営

石山寺の大造営

保良宮・京へ遷都したのにともない、保良宮の近くにあった石山寺でにわかに大増改築工事が開始しました。この石山寺の大造営は、奈良にあった造東大寺司が担当しました。大増改築する前の石山寺は、庇のない檜皮葺の仏堂一棟、板葺の板倉一棟、若干の板屋が建つだけの小寺院でした。

『正倉院文書』によると、石山寺では、天平宝字五年（七六一）十一月十七日に本尊の丈六観世音菩薩の彫塑が始められ、仏堂（金堂）・法堂（講堂）・経蔵・僧房・食堂・板倉など二六棟の建物が天平宝字五年（七六一）

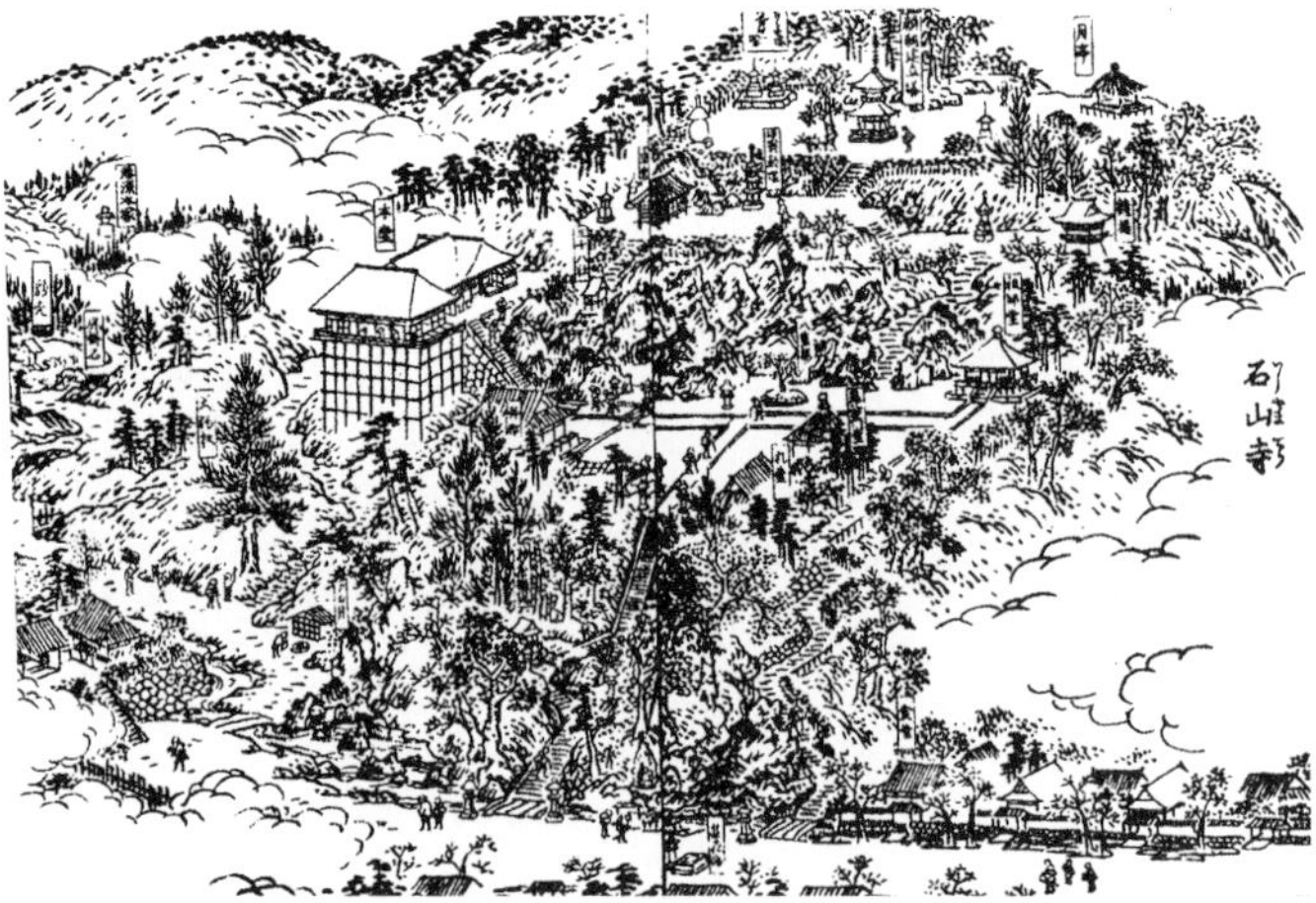

図56　『近江名所図会』の石山寺（『近江名所図会』）

十二月から六年九月までに、新築や改築して構築されました（図56）。

この大増改築工事を担った造東大寺司は、石山寺所（石山寺院）に、主典の安都雄足を別当として派遣しました。雄足は、造東大寺司が天平宝字三年〜四年（七五九〜七六〇）、法華寺金堂の造営を行った際に、別当として担当しており、それに続くものでした。

また、煩雑な造営に関連する諸記録、会計書類を作成する案主は、下村主道主、上村主馬養が担当しました。下村主道主は、法華寺金堂を造営する際にも、雄足のもとで案主を担当しています。

甲賀と田上山の山作所

この石山寺の造営工事は、天平宝字五年（七六一）十二月下旬、近江甲賀郡に甲賀山作所を設けて建築材の伐木を開始し、翌年正月に三雲の津まで運んでいます。しかし、雄足は、それらの木材はそこにとどめておき、翌年正月に、新たに瀬田川に近い田上山（図57）に山作所を設け、ここで建物を構築する柱・桁・垂木・木負・隅木・長押・小舞・榑・破風・歩板・波多板・扉・楣などの建築材が作材されました。

田上大石山と高島山の山作所

そして、それらの建築材は、田上山作所に近い天神川の川岸で桴に組まれ、大戸川、瀬田川を経由して石山寺前の津に漕運されています。

しかし、使用された建築材は、田上山作所のみでなく、田上大石山の山作所で板材を作る檜榑と檜皮を採取し、石山寺近くの立石山・小石山の山作所で皮のついた黒木の柱・桁・小舞・叉首を作材しています。

また、高島山作所で杉榑を大量に購入して石山寺に漕運したほかに、信楽で板屋二棟を購入し、解体して桴によって漕運しています。

さまざまな工人が関与

石山寺での構築現場では、仏堂（本堂）の大改修を中心に、写経用の建物、法堂（講堂）、僧房、経蔵、食堂、雑屋があいついで建てられました。

造営を担った工人には、田上山作所で作材する木工工人、石山寺で建物を構築する木工工人、檜皮葺工、鉄工工人、仏

図57　田上山遠景（西から）

工、画師、金属工人らがおり、他に仕丁（しちょう）らが作業をしています。そして、優婆夷（うばい）の津守当女（もりのまさめ）と数人の雇用された女性が、石山寺の構築現場で作業する工人らの炊事にあたっていました。

写経事業のための大増改築か

一方、石山寺では経典の写経事業も行われました。石山寺の大増改築工事では、この写経事業をおこなうのに相応しい寺院とすることが主要な目的だったと思われます。

天平宝字六年（七六二）正月十六日、石山寺奉写大般若経所（きょうしょ）の名のもとに、「波和良紙（はわらがみ）一万二千八百張、凡紙八百三十八張、帙（ちつ）六十枚、綺（かば）百二丈、軸六百枚」が請求されています。経堂並びに経師房、盛殿（もりどの）、経師の温室が整えられ、その後の二月の早々には写経を始めるため、造東大寺司から写経師八人を石山寺に派遣させ、二月から写経を開始しました。そして、十二月に書写し終わった大般若経六百巻と理趣分（りしゅぶん）一巻などを奈良に発送しています。

四、石山国分遺跡の発掘とその後の研究

晴嵐小学校と周辺で掘立柱建物などを検出

これまで、保良宮の擬定地とされている遺跡に、石山国分遺跡があり、数回の発掘が実施されています。まず、昭和三六年（一九六一）に、晴嵐小学校の校舎移転に伴って発掘され、掘立柱建物が検出され、軒丸瓦・軒平瓦、須恵器などが出土しました。

昭和三七年（一九六二）にも、東海道新幹線を建設する事前の発掘で、東西に一列に並ぶ五個の礎石、平行する溝、瓦溜が検出されました。そして奈良・平安時代の軒瓦と土器が出土し、国分尼寺跡に推測されています。

また、平成三・四年（一九九一・九二）に晴嵐小学校の西を通る南北道路の西側に建てられた集合住宅の事前発掘で、平安時代の掘立柱建物三棟、礎石建物一棟などが見つかっています。

平城宮と同じ型の軒瓦が主体

さらに、平成四・五年（一九九二・九三）に、晴嵐小学校の校庭南の大津市南消防署・晴嵐保育園の建設地が発掘され、奈良時代の後半の掘立柱建物、溝などが検出されました。この調査では、東西道路とL字に

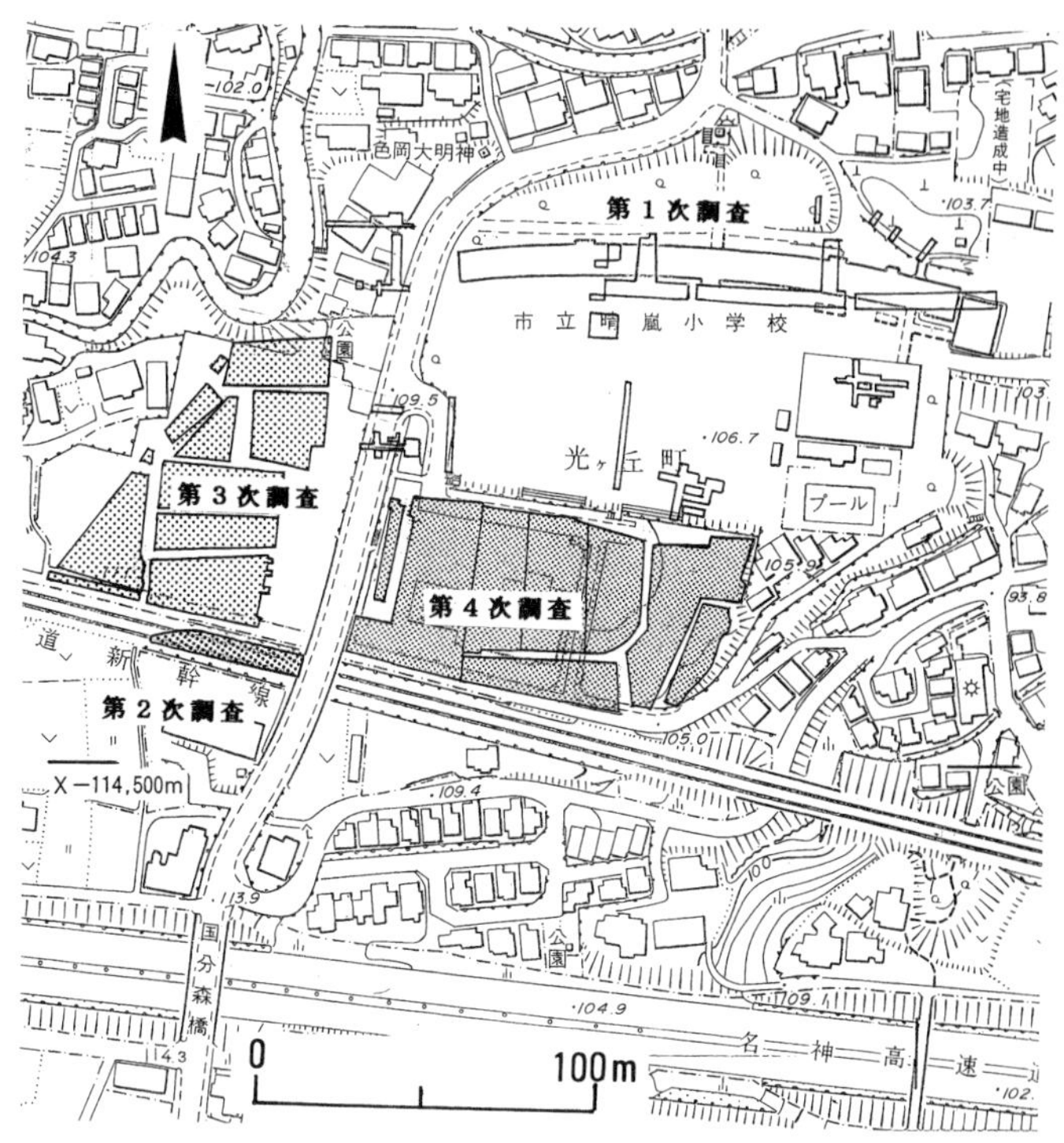

図58　石山国分遺跡の発掘地

（大津市教育委員会『石山国分遺跡発掘調査報告書』2002年）

配された築地による二区画が検出され、南区画では長大な東西棟建物、その西南で南北棟建物が配されていました。また北区画でも南北棟建物が一棟以上見つかっています。そして、出土した軒瓦は、平城宮のⅣ期（八世紀の第3四半期）に葺かれた平城宮の同笵（どうはん）の軒瓦が主体をなしていることが判明しました。このような重要な知見から、ここに保良宮に関連する官人の邸宅、あるいは官衙（かんが）（役所）があったものと推測されています（図58・59・60）。

その後、小松葉子氏は、勢多（せた）橋から瀬田（せた）川を西へ越えていた官道は、晴嵐小学校の敷地の中央部を貫通していたことを明らかにしています。また小松氏は、「へそ石」の礎石は、すぐ隣にある国分山の採石加工場に「へそ石」と同じ出枘（でほぞ）のある礎石が遺存しているのを明らかにし、

「へそ石」は採石加工場から搬出された礎石

「へそ石」は採石加工場から搬出された礎石で、ここに保良宮を想定する根拠がなくなりました。

以上のように、保良宮の研究は、戦前の第Ⅰ期の研究では、国分の洞（ほら）ノ前（まえ）にある礎石「へそ石」と洞神社に注目しましたが、空間が狭すぎるとして、疑問視されました。また戦後の第Ⅱ期の研究では、古代史研究者の村井康彦氏、八木充（やぎあつる）氏らによる保良宮・京へ遷都した要因の解明と石山国分遺跡の発掘調査が重視されます。

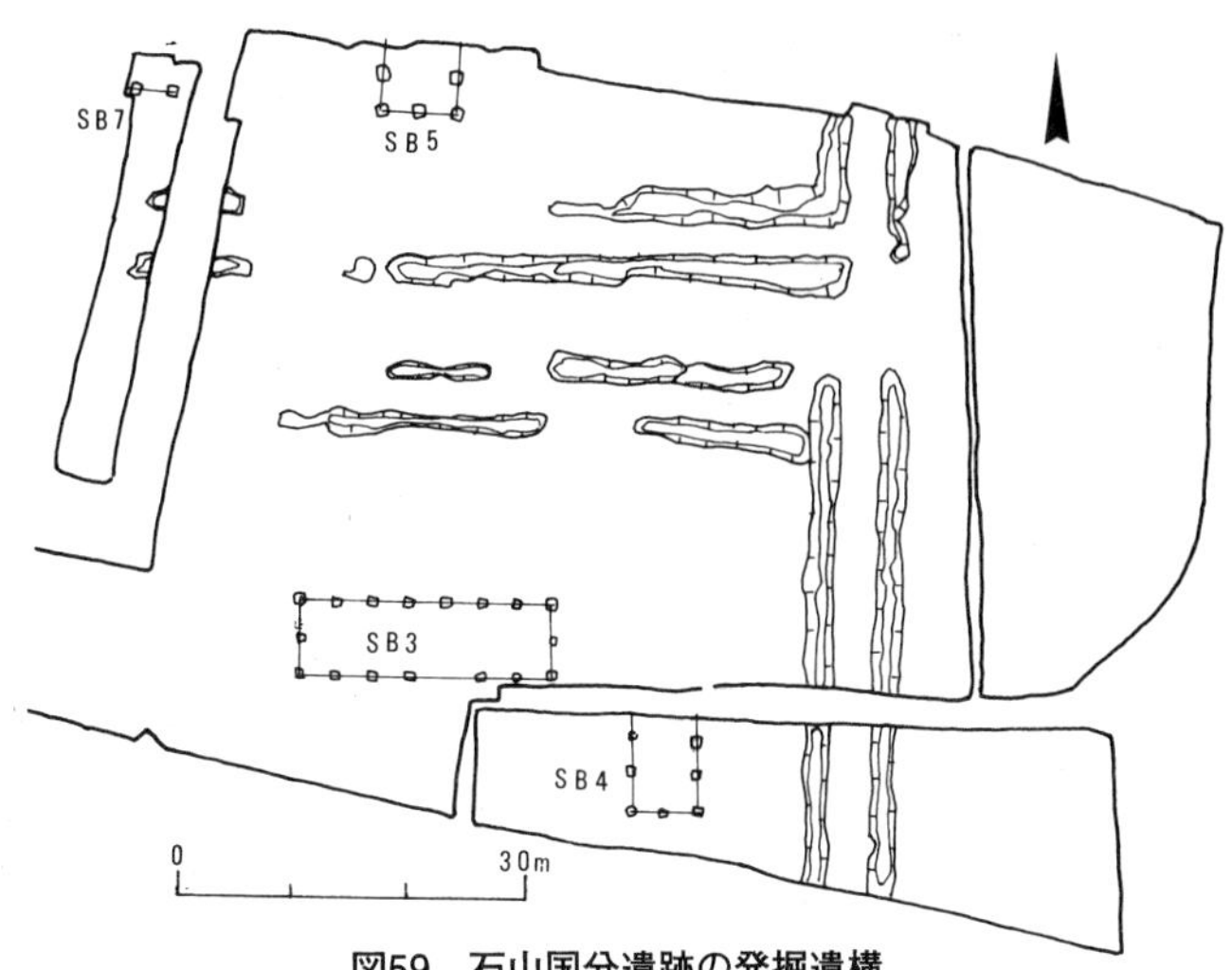

図59　石山国分遺跡の発掘遺構

（大津市教育委員会『石山国分遺跡発掘調査報告書』2002年）

図60　大津市立晴嵐小学校の敷地（南から）

保良宮・京への遷都の要因は、村井康彦氏によって、藤原仲麻呂による新羅征討の基地とみなす重要な視点が提示されました。この村井氏の見解によって、保良宮・保良京の造営は、『続日本紀』に記す平城宮の改作のためではないことが明らかにされたのです。

新羅征討計画とその中止

この新羅征討計画とは、天平宝字二年（七五八）九月に帰国した遣渤海使の小野田守が十二月に入京し、唐王朝で七五五年に安禄山の乱がおこり、唐王朝が危機に陥っていることを報告しました。そこで唐王朝が新羅を支援できないことを知った藤原仲麻呂は、新羅を征討する好機ととらえ、渤海国の協力のもとに征討計画をすすめたのです。

翌年の天平宝字三年（七五九）六月、大宰府に新羅と戦うための行軍式を造らせ、九月に北陸道・山陰道・山陽道・南海道の諸国に船五〇〇艘を三年間で造るよう命じました。その直後の十一月に保良宮・京の造営を開始しました。

そして、天平宝字五年（七六一）十一月に、東海道・南海道・西海道の節度使が任命され、戦いへの体制が整えられました。しかし、保良宮に遷都した翌年の五月二三日、道鏡との関係を淳仁天皇に批判された孝謙太上天皇（上皇）が激怒し、二人は平城宮・京へ還都しました。

その後、節度使が廃止され、新羅征討計画は中止になったのです。

五、石山国分遺跡は保良宮か

幅六メートルの東西道路と掘立柱建物

大津市国分二丁目にある「へそ石」の礎石を保良宮の拠り所とする根拠がなくなると、保良宮の擬定地は、奈良時代の瓦類が多く出土している石山国分遺跡のみになります。

石山国分遺跡は、東西七〇〇メートル、南北二〇〇メートルの東西に長い石山国分台地の西半部に所在する遺跡です。東半部には伽藍の所在地はまだ明らかでないが、七世紀末に建てられた国昌寺の伽藍があったものと推測されています。

これまで、石山国分遺跡の発掘では、遺跡の南半部で幅六メートルの東西道路、その北と南に築地によって区画された敷地が検出されています。そして南区画では桁行七間、梁行二間の東西棟、その東南で桁行三間以上、梁行二間の南北棟の掘立柱建物が見つかっています。

また北区画でも、桁行二間以上、梁行二間の南北棟、その西でも掘立柱建物の一部が検出されており、有力官人の邸宅、あるいは官衙（役所）があった可能性が推測されています。

平城宮と同笵の瓦

また、これまで石山国分遺跡から採集や発掘によって出土している瓦類に対し、林博通氏や平井美典氏によって検討され、また第三・四次の発掘調査地で出土したものが、大津市教育委員会によって報告されています。

これらの軒瓦類をみますと、保良宮に関連するとみなされるものに軒丸瓦二型式、軒平瓦三型式があります。それらのうち軒丸瓦一は、単弁十二弁蓮華文で、平城宮六一三三A―Cと同笵（同一の型で製作されたもの）です（図61―1・2）。軒丸瓦二は、複弁八弁蓮華文で、平城宮の六二三五B型式と同笵のものです（図61―3）。

また、軒平瓦一は、均整唐草文で、平城宮六六六三型と同笵のもの（図62―1）、また軒平瓦二も均整唐草文で、平城宮六六九一B型と同笵のものです（図62―2）。また軒平瓦三は、均整唐草文のもので、平城宮六七六三A型と同笵のものです（図62―3）。

これらの軒瓦のうち、軒丸瓦六一三三A―C型式は、平城宮Ⅳ―1期（天平宝字元年～天平神護二年）（七五七～七六六）に想定されているもので、第二・三・四次調査地で出土しました。また、軒丸瓦六二三五B型式も、平城宮Ⅳ―1期とみなされているものです。

一方、軒平瓦の六六六三型式は、平城宮Ⅲ期―Ⅳ期のもので、第三・四次調査地から、六六九一B型式は、平城宮Ⅲ期―Ⅳ期にみなされているもので、第三次調査地で出土しています。さらに六七六三A型式も、平城宮Ⅳ期の後半とされているもので、第三次調査地

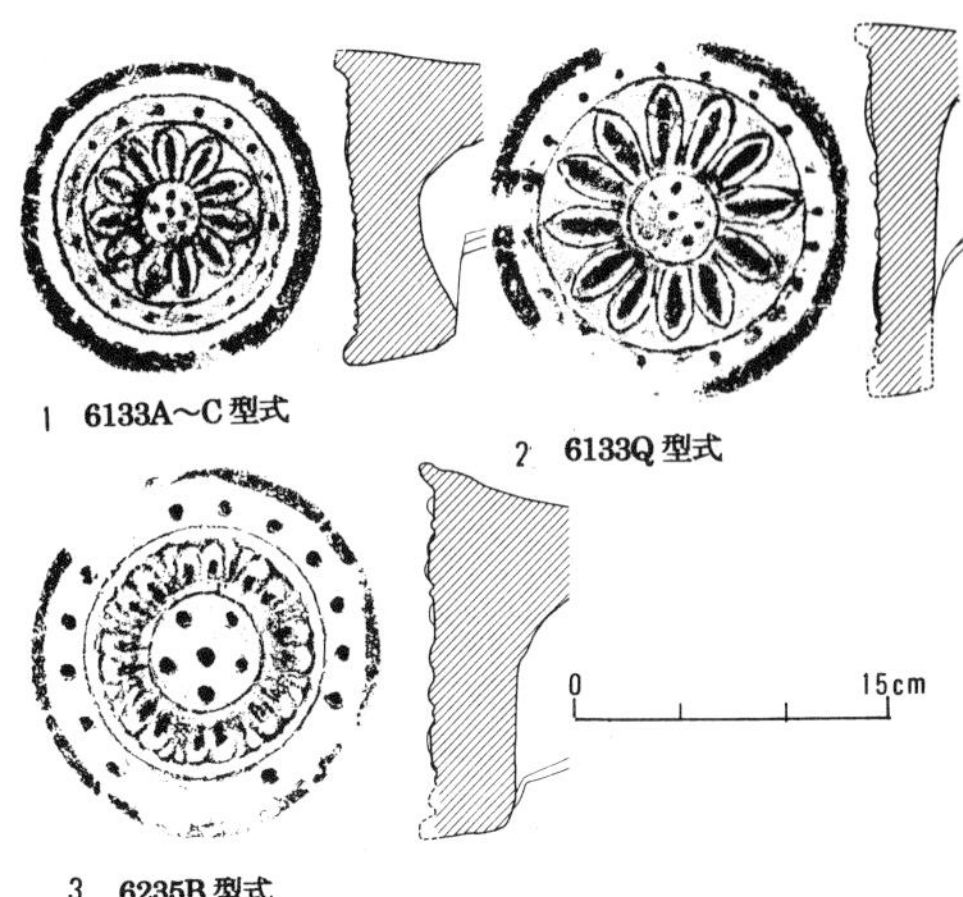

図61　石山国分遺跡出土の軒丸瓦

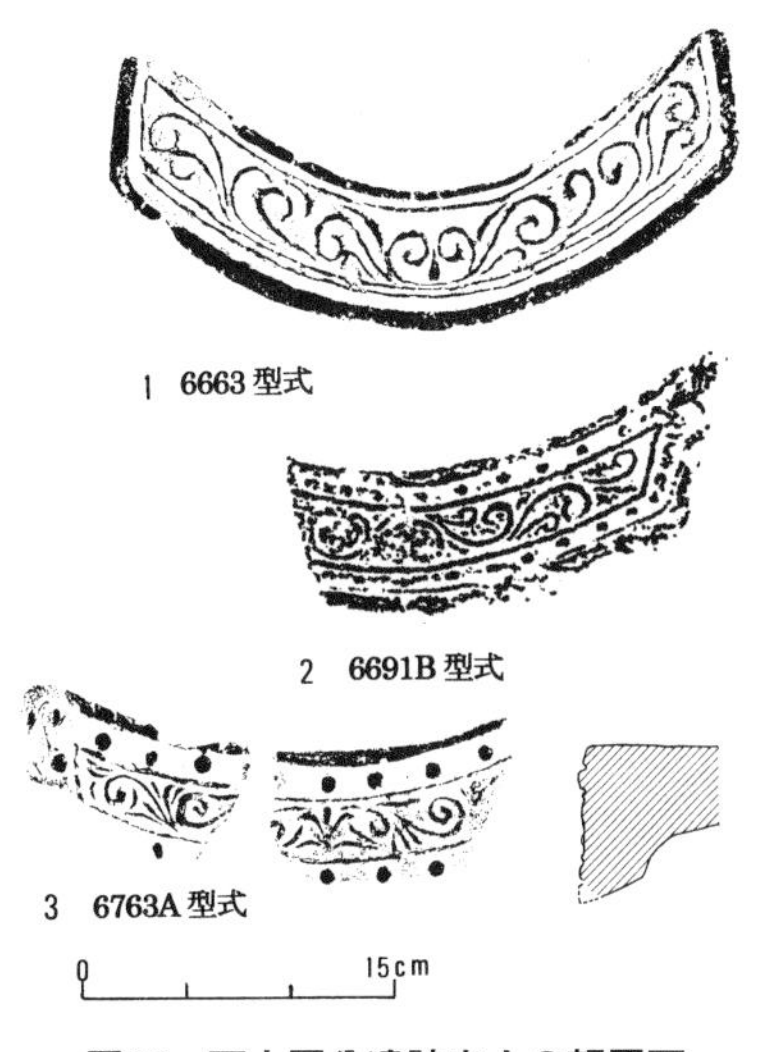

図62　石山国分遺跡出土の軒平瓦

で出土しています。

　このように、第四次の調査区では、東西道路と区画する築地と掘立柱建物が検出され、平城宮のⅣ期の同笵軒瓦、同系統の軒瓦を葺いた建物が構築されていることが判明しています。これらの区画と瓦葺建物が構築された地とその周辺に保良宮が存在したものとみなされています。

掘立柱様式で檜皮葺か

　ところで、平城宮の内裏では、内裏正殿地区、御在所の中心殿舎は瓦葺ではなく、檜皮葺されていたとみなされています。このことは、保良宮でも、淳仁天皇、孝謙太上天皇（上皇）の居処となった御在所の殿舎は、いずれも掘立柱様式で、檜皮葺であったと推測されます。

　この点からすると、石山国分遺跡の晴嵐小学校敷地、南消防署・晴嵐保育園敷地から、検出された建物群は、保良宮と関連するとすれば、ここには官衙（役所）的な建物が構築されていたものと推測されます。そして、淳仁、孝謙の内裏・御在所は、その周辺の他所にあったものと考えられます。

六、保良宮・御在所の構造を想定する

石山国分台地に御在所か

これまで石山国分遺跡では、塀や掘立柱建物が検出され、保良宮・京と同時期の平城宮Ⅳの同笵の軒瓦が出土しています。ここには、保良宮で官人らが政務を行った官衙（役所）があったものと推測されます。

そして、淳仁天皇、孝謙太上天皇（上皇）らが居処とした御在所は、石山国分台地とは別の地に所在するものと考えます。

御在所は住友活機園の敷地を中心に造営か

石山の地には、石山寺の北一二〇〇メートルに、石山寺に最も近い田辺台地、その北三〇〇メートルに石山国分台地という二つの台地があります。

二つの台地のうち、田辺台地は、近年は著しく開発されており、明治期の地形図によると、西南から東北へのびる東西八〇〇メートル、南北一五〇〜二〇〇ほどの丘陵地をなしています。

保良宮の淳仁の御在所、孝謙の御在所は、この田辺台地の東北部が擬定地に推測されます。そして、天平十二年（七四〇）、聖武天皇が造営した恭仁宮跡で見つかっている二つ

の内裏地区を参考にすると、保良宮では、淳仁の御在所が東側に、西に孝謙の御在所を設けたものと推測されます。

この田辺台地の東北端部は、東西約二五〇メートル、南北一五〇メートルほどの広がりがあり、ここに明治期に伊庭貞剛氏が設けた別荘である重要文化財の住友活機園があります。淳仁の御在所は、石山国分台地に所在する保良宮の官衙との関連から、この住友活機園の敷地を中心に造営されていた可能性が高いものと推定されます。そして、その西側に孝謙の御在所が設けられていたものと思われます（図63・64・65）。

このように推測しますと、淳仁の御在所跡は、南半部を新幹線と名神高速道路が東西に通過して破壊されていますが、北半部は住友活機園として旧状がよく残っています。また、西の孝謙の御在所跡の北半は、一九六〇年代以降に構築された住宅地になっています。保良宮・京へ遷都時、東の淳仁の御在所からは、東方に瀬田川と勢多橋、その北に琵琶湖を眺望することができ、南に伽藍山を眺めることができたでしょう。西の孝謙の御在所からは、北に東西にのびる石山国分台地があり、国昌寺の伽藍と西北に保良宮の官衙が望めたものと推測されます。しかも、この孝謙の御在所に、僧・道鏡が出入りしたことになります。

図63　住友活機園の洋館（南から）

図64　住友活機園の庭（東から）

平城宮の第Ⅲ期内裏からの推測

さて、淳仁・孝謙が保良宮へ遷都する前に居処としていた平城宮の第Ⅲ期の内裏は、内郭の内裏正殿区と内裏外郭から構成されていました。内裏内郭の正殿区は、東西約八〇メートル、南北約八〇メートルをなし、正殿とその東西に南北棟の脇殿二棟が左右対称に配されていました。また、北外郭の中心部に東西六四・五メートル、南北六二メートルの御在所が設けられていました。

そこで、淳仁の御在所に配した建物を復元すると、東西棟で四面庇付（しめんびさしつき）の正殿、その北に庇のない東西棟の後殿、正殿の東西に南北棟で西庇をもつ東脇殿、両庇をもつ西脇殿が対称に配されていたものと思われます（図66）。

さらに、平城宮第Ⅲ期の内裏正殿区と御在所の配置からすると、保良宮の淳仁の御在所にも、その南に正殿区の一郭をそのまま移すことは難しいので、正殿と脇殿一棟のみを対称に配した可能性が高いように推測します。

また、保良宮の御在所が田辺台地に、官衙が石山国分台地に設けられていたとすると、官人らが居住した保良京は、現状の石山地域の琵琶湖側に開けた地形からみて、現在の北大路から石山駅の南側一帯に造営されたものと想定されます。これは、北に平城宮、南に平城京を配したのとは、逆の配置であったと思われます。

図65　南からみた住友活機園

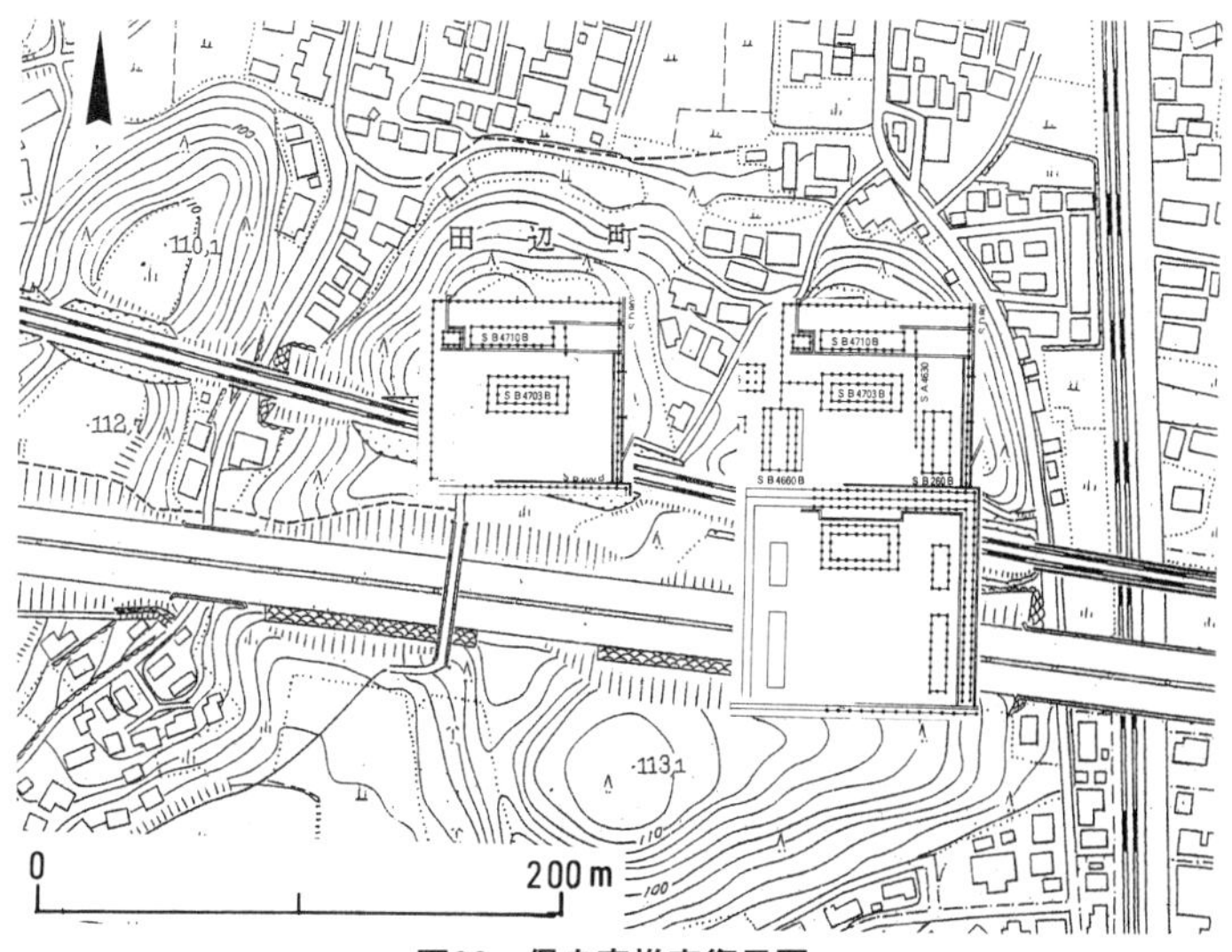

図66　保良宮推定復元図
（東側は淳仁天皇の御在所と内裏正殿地区、西側は孝謙上皇の御在所）

七、保良宮跡の擬定地を歩く

京阪電車の唐橋前駅から、西にある老舗の近江牛肉店の前を通り過ぎると、長徳寺の前に出ます。南北道路と東西道路が交差しており、南（左）へ折れます。少し進み、三田川を渡ります。このあたり一帯は、古代の壬申の乱のとき、勢多橋をはさんで、東に大海人皇子軍、西に近江朝軍の兵士らが陣をなしたところです。すぐ西側に御霊神社の境内地があります。この御霊神社は大友皇子を御祭神としています。

そのまま南に進むと、眼前に田辺台地の東端部に、明治期に伊庭貞剛氏が設けた別荘である重要文化財の住友活機園の洋館が聳えるように見えます（図67）。この洋館を保良宮の殿舎に想定しながら、田辺台地をそのまま登ると、頂部付近で住友活機園の広い庭園の一部が見えます。

さらに台地上を西へ進むと民家が建ち並んでいます。ここは昭和四一年（一九六六）の大津市都市計画図には、住友活機園の西側一帯には民家はまったく記されていません。その後に建った住宅です。

この田辺台地の東端の住友活機園の敷地と、その西側の民家群が建っている地に、保良

図67　住友活機園の遠景

宮の内裏の御在所が設けられていたものと著者は推測しています。

この田辺台地からは、礎石や瓦類が採集されたことは知られていません。奈良時代の平城宮の内裏、御在所は掘立柱建物が構築され、屋根は檜皮葺であったことからしますと、保良宮の御在所も同様のものであったと推測されます。

現状の住友活機園の敷地からは、東に瀬田川の流れ、東北に瀬田唐橋、さらに遠くに琵琶湖の一部を望むことができます。また南に伽藍山が見えます。一方の西の民家群の地からは、北東に田辺台地の東端部にあった国昌寺の伽藍、西北部に保良宮の官衙の建物群が望めたでしょう。この田辺台地の南半部は、北側に東海道新幹線、南側に名神高速道路が通過しており、かなり台地を損なっています。

　民家群の西端に近い位置に、東海道新幹線と名神高速道路上に架かっている橋を渡ります。そして名神高速道路沿いに田辺台地を見ながら東へ進むと東端部に、アーバン・スカイハイツの建物があります。その付近から住友活機園の別荘の樹木と洋館の一部が望めます。さらに東へ進んで台地を降り、台地の東裾にそって北上し、住友活機園の北端まで戻ったところに、延命山地蔵寺があります。奈良時代には、この田辺台地上にあった保良宮の御在所から石山寺山門までは、一三〇〇メートルほどありますが、民家はなかったでしょう。

　さて、御霊神社の南に戻り、そこから東西に延びる石山国分台地を西に進みます。台地上にあるポリテクセンター滋賀の南斜面から、平成二三年（二〇一一）に、民家の改築に際して、藤原宮の屋瓦を焼成した二基の瓦窯跡が検出され、注目されています。

　そのまま西進すると、晴嵐小学校があります。さらに道に沿って進むと、晴嵐保育園と大津市南消防署があります。平成四・五年（一九九二・九三）の発掘で、掘立柱建物、東西道などが検出され、多くの軒丸瓦、軒平瓦などが出土しています。これらは平城宮と同笵軒瓦で、検出された建物は保良宮の官衙に関連するものと考えられます。

　その北に、一段低く晴嵐小学校の校庭と校舎が見えます。校舎を建てる事前の発掘調査でも、平城宮と同笵の軒瓦が出土しています。ここに多くの保良宮の官衙の建物があったものと思われます。

小学校敷地の北端部に立つと、眼下に広がる平坦地に、北大路一丁目の民家が建ち並んでいるのが見えます。また北西に、東レ滋賀事業場の工場の建物と敷地が広がっています。この一帯に保良京が設けられ、官人らの建物が建ち並んでいたものと推測されるのです。

引用・参考文献

大井重二郎『上代の帝都』立命館出版部　一九四四年
小笠原好彦「近江保良宮の造営とその擬定地」『日本考古学』第四二号　二〇一六年
小松葉子「近江国滋賀郡瀬田川西岸における古代道路の復元―保良京とその周辺遺跡をめぐって―」『紀要』第二三号　二〇一〇年
小松葉子「滋賀県大津市国分所在地礎石『へそ石』の周辺」『紀要』第二五号　二〇一二年
瀧川政次郎『京制並に都城制の研究』角川書店　一九六七年
林博通『大津京跡の研究』思文閣出版　二〇〇一年
林博通「保良宮小考」『考古学と文化史』一九九四年
肥後和男「紫香楽宮阯の研究」『滋賀縣史蹟調査報告』第四冊　一九三一年
平井美典「石山国分遺跡出土瓦の覚書」『紀要』第九号　一九九六年
村井康彦『古京年代記』角川書店　一九七三年
八木充『日本古代の都』講談社　一九七四年

第二部
古代近江の三都を論ずる

第一章　大津宮とその構造

はじめに

大津宮は、天智六年（六六七）三月に飛鳥から近江の大津に遷した宮都である。『扶桑略記』天智六年二月三日条に、大津宮の西北の山中に崇福寺を造営した経緯を詳細に述べる縁起を記していることから、崇福寺の東南に営まれたことがわかる。

大津宮の研究は、じつに長いあいだ大津宮の所在地の探索と大津京の京域復元を中心に進められ、さらに、なぜ大津宮遷都が行われたかの歴史的意義が問われてきた。

しかし、昭和四九年（一九七四）、大津市錦織地区から大津宮の遺構とみなされる南門が検出され、これを契機に大津宮に関連する遺構があいついで検出されたことから、新たに大津宮の構造復元と前期難波宮、飛鳥の諸宮の構造との比較検討が主要な研究課題に推移してきている。

また、大津京の研究は、喜田貞吉氏が大津宮の周辺に仮称の大津京が存在したとみなして以来、諸説が提起されてきた。しかし、昭和六一年（一九八六）、仁藤敦史氏が、浄御原令の制定される以前に遷都した大津宮段階には、京域は存在しなかったことを論じた[1]ことから、以後、大津京を復元する論考はほとんどみられなくなった。

しかし、大津京は存在しないとはいえ、この大津京の研究は、古く喜田貞吉氏が大化改新後の宮都に京がともなったものと理解し大津京と呼んだことから、大津宮の所在地の探索・解明とともに、京の解明が大きな研究課題になったのである。

その研究の詳細は後述するように、この大津京の研究には、古く宮都研究者の木村一郎氏、喜田貞吉氏による研究に始まり、その後は米倉二郎氏、田村吉永氏によって大津京の復元が試みられている。また、昭和四六年（一九七一）には、飛鳥の地割をもとに秋山日出雄氏によって、さらに同年に藤原京の条坊案が提示されると、藤原京の条坊をもとに、藤岡謙二郎氏によって大津京の復元案がだされている。

また、著者も昭和五九年（一九八四）に、大津市穴太の地で穴太廃寺が発掘されたのを契機に、錦織地域から滋賀里、穴太地域におよぶ条里とは異なる方格地割を復元し、この地割が大津宮遷都との関連で設けられたものとする考えを提示しており、ここでは大津宮の解明とともにふれることにしたい。

一、これまでの大津宮・京の研究

江戸時代の享保十四年（一七二九）、寒川辰清が著した『近江輿地志略』には、大津宮は大津市錦織にある御所跡（御所ノ内）と称する地に所在したとみなされていたことを述べている。同様の見解は『東海道名所図会』にも記されている。

しかし、明治になると、宮都研究者の木村一郎氏が「大津皇居御趾のはしがき」で、滋賀里の太鼓塚、蟻ノ内、宮ノ内の小字に注目し、大津宮は滋賀里に所在したとみなし、大路の存在をも想定し、それまでの御所ノ内を五条が転じたものとした[2]。また喜田貞吉氏は、木村氏の見解を全面的に取り入れ、滋賀里の小字蟻の内、宮の内に内裏が所在したことを想定し（図68）、大津宮周辺に設けられていた京域を「大津京」と呼称し、東西一〇町、南北二〇町を想定した[3]。

しかし喜田氏の説に対し、牧野信之助氏は蟻の内には遺物がないことと、大津宮に条坊制が存在したことを疑い、また桓武天皇が大津に造営した梵釈寺を天智天皇の宮跡に建立したものとみなし、南滋賀廃寺の周辺に大津宮が所在したものと想定した。

昭和三年（一九二八）から、肥後和男氏は、滋賀県保勝会の嘱託として大津宮の所在地を明らかにする研究にとりくみ、大津宮の西北に造営された崇福寺を確定する方法を採用し、滋賀里山中と南志賀にある二つの廃寺を発掘した。そして、滋賀里山中の廃寺を崇福寺、南志賀の廃寺を後に桓武天皇が造営した梵釈寺に推定し、その付近に大津宮を想定した(4)。

昭和九年（一九三四）、米倉二郎氏は、この地域の条里復元を行い、御所ノ内を中心に大津京の復元を試みている(5)。また昭和十二年（一九三七）、田村吉永氏も御所ノ内に大津宮を想定し、大津京の復元を試みた(6)。

その後、福尾猛市郎（ふくおたけいちろう）氏は『大津市史』で、錦織と山上の境界線を基準に、滋賀里に至る山麓よりの地に、方八〇間、もしくは四〇間を単位とする道、溝、小字の区画による特殊区画を見いだし、これを大津京の条坊の痕跡とみなした(7)（図68）。

戦後、福尾氏が注目した特殊区画に対し、秋山日出雄氏がさらに発展させ、特殊区画の単位を令制の百歩（五〇〇大尺）とみなし、錦織から滋賀里にかけて一〇条・六坊、東西六〇〇歩（三〇〇〇大尺）、南北一〇〇〇歩（五〇〇〇大尺）を大津京の範囲に想定した(8)。

さらに、昭和四六年（一九七一）、藤岡謙二郎氏は岸俊男氏によって明らかにされた藤原宮・京の復元をもとに、滋賀里の蟻ノ内に大津宮が所在することを前提として、藤原京の一坊の二分の一を単位とする東西八坊、南北十二条の大津京を復元した(9)。

このように、大津宮の所在地は錦織の御所ノ内、南志賀、滋賀里の三説が提起され、それ

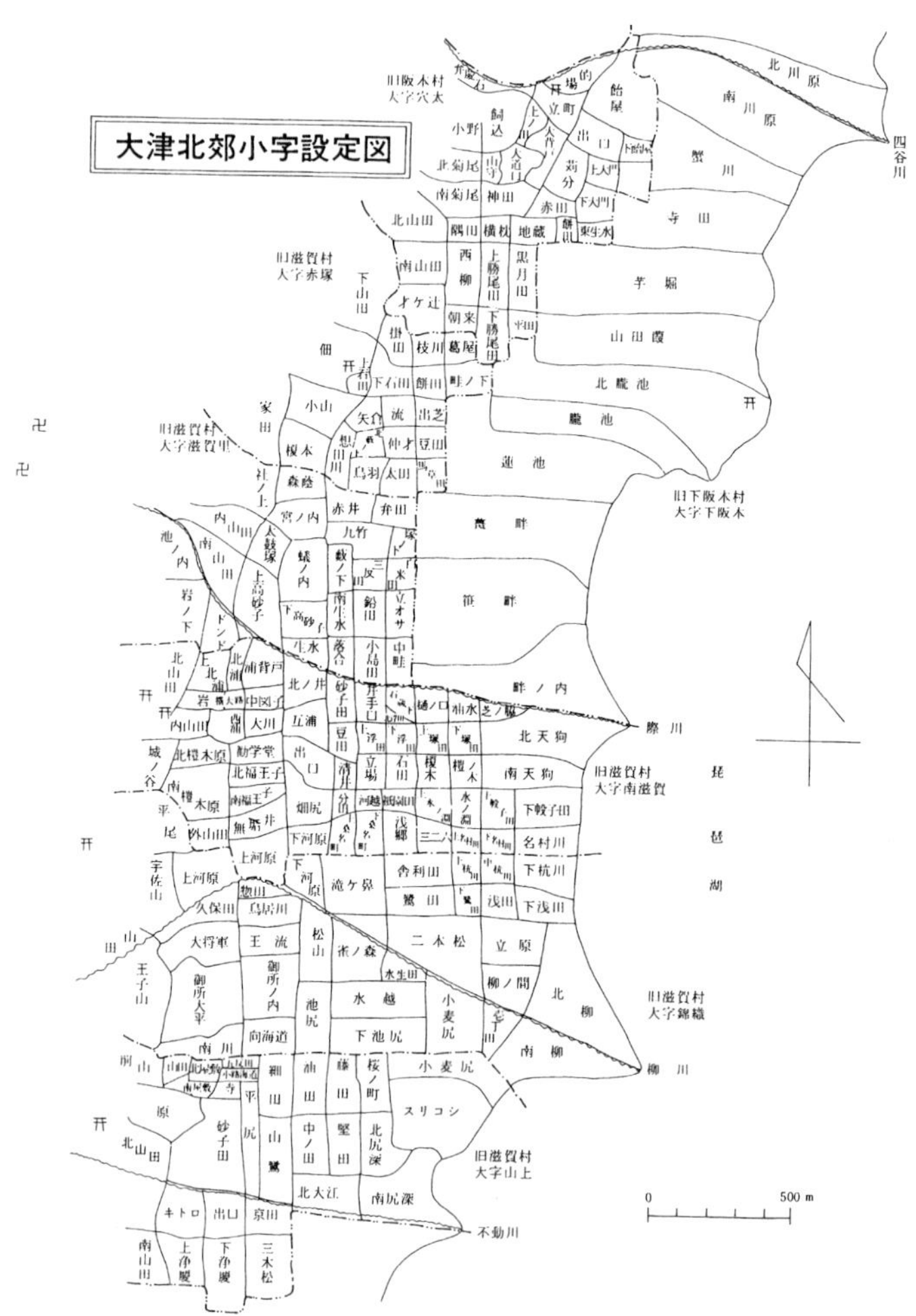

図68　大津宮周辺の小字図（西田弘氏による）

と密接な関連をもちながら大津京域を復元する諸説がだされてきた。

ところが、昭和六一年（一九八六）、仁藤敦史氏は、それまでの大津宮・大津京の諸説を検討し、前述したように大津宮に京域が存在したとみなす大津京の研究には根拠が乏しく、日本で営まれた最初の条坊制をもつ都城は藤原京からであるとし、京が存在したとする考えそのものを否定した。

二、大津宮の発掘と諸課題

昭和四九年（一九七四）、大津市錦織に立てられていた滋賀宮址碑の南で、掘立柱式による大型門とそれに取りつく回廊の遺構が見つかった。これを契機として、その周辺からあいついで建物や区画施設の塀が検出されることになった。

その経過を少しみると、滋賀宮址碑の南の第1調査地では、東西棟の大型門（ＳＢ００１）とその東に複廊の回廊（ＳＣ００１）が検出された。ついで昭和五三年（一九七八）、その東で回廊の延長部が見つかり、この回廊に南北に伸びる塀（ＳＡ００１）が検出された。また大型門の西南一四〇メートルの錦織第2地点で南北棟の掘立柱建物（ＳＢ１００６）の一部、西北一二〇メートルの第3地点で、南北塀（ＳＡ００２）とそれに取りつく東西塀

（ＳＡ００３）が検出された。さらに北一一〇メートルの第４地点で、二棟の掘立柱建物、西北三〇メートルの第５地点で、南北棟建物と東西溝（ＳＤ００７）が見つかっている。

その後も昭和五八年（一九八三）、大型門の北八〇余メートルから、桁行三間以上、梁行二間以上で庇をもつ大型の東西棟建物（ＳＢ０１５）が検出された[10]。

以上のように、一九七四年以降、錦織地区の一帯から掘立柱建物、塀などの遺構が検出されるようになり、これらは調査の端緒となった南門の調査を担った林博通（はやしひろみち）氏によって大津宮の研究が進められ、昭和五九年（一九八四）には、大津宮の構造復元が提起されることになった（図２）。

林氏は、第１地点で見つかった東西棟の門には、複廊がともなうことから大津宮の南門に想定し、南北塀ＳＡ００１・ＳＡ００４との関連から桁行七間、梁行三間に想定した。この南門とその北で検出された東西棟建物ＳＢ０１５は同一中軸線上に建てられているので桁行七間、梁行四間の四面庇付の建物に復元した。また、南門の東の南北塀ＳＡ００１と西の南北塀ＳＡ００２、東西塀ＳＡ００４をそれぞれ折り返し、南門の北に塀によって区画する二つの空間を復元した。これらのうち、南の空間の東西は、五〇・七八メートル、北はそれより少し広い空間をなし、その中心部に四面庇をもつ東西棟建物ＳＢ０１５が配されたものとみなした。

また、南北塀ＳＡ００４によって、南門の東西に区画する空間が左右対称をなしたものと推測した。その後、中心建物の北一六〇余メートルでも四面に庇をもつ東西棟建物ＳＢ０１９が検出されている。他に南門の西南一四〇メートルの位置で、南北棟建物ＳＢ００６が検出されており、これを朝堂院の西第1堂に想定し、ここに朝堂院を復元している（図69）。

以上のような復元作業によって、林氏は大津宮には桁行七間、梁行二間の南門があり、その北の内裏に桁行七間、梁行四間の内裏正殿が配され、その東西に塀によって囲まれた方形の空間があり、南門の南に大規模な朝堂院が設けられていたものと復元し、前期難波宮と類似した構造をなしていたものとしている[11]（図69）。

このような林氏によって復元された内裏、朝堂院の構造は、南門とその中軸線上で検出された四面庇付の東西棟建物（ＳＢ０１５）などを中心に、検出された建物、区画塀をそれぞれ左右対称に配して復元されたものだけに、この内裏、朝堂院の構造復元を確認することによって、大津宮の歴史的性格を解明することが課題となった。

しかし、この内裏、朝堂院の構造復元とその性格に対して、林部均氏は、以前に亀田博氏が伝飛鳥板蓋宮Ⅲ期遺構と共通する要素が多いとみなした見解を踏まえ、さらに大津宮の構造復元に再検討を加えている[12]。

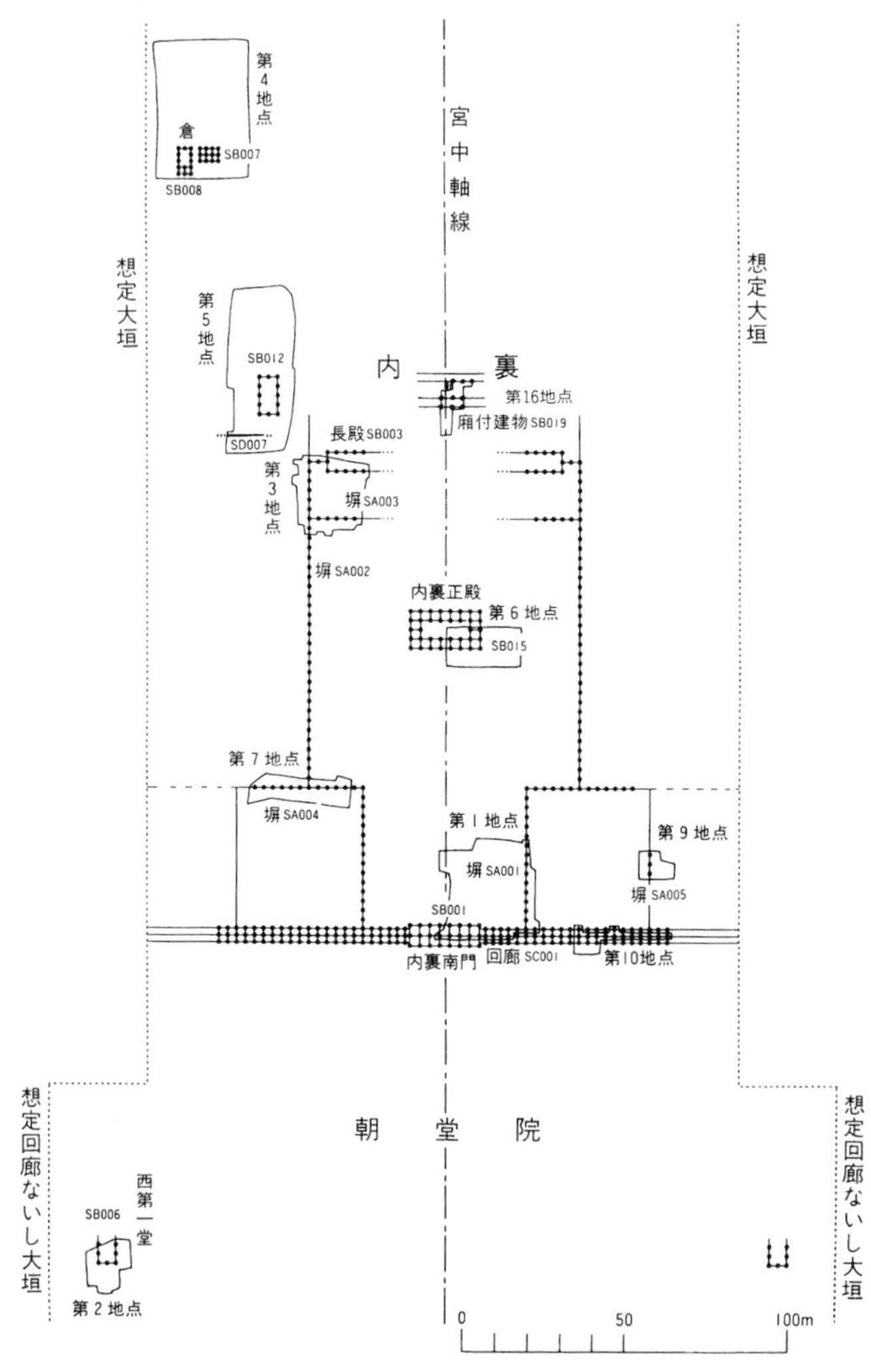

図69　大津宮中枢部の復元図（林博通『大津京跡の研究』）

それによると、林部氏は内裏南門の南に、朝堂とそれを囲む大規模な朝堂院があったとは認めがたいとする。また林氏が内裏南門の北に想定する方形区画は検出された遺構が一部のみで、復元に問題が多いとし、南門の北で見つかっている東西塀（ＳＡ００４）は、伝飛鳥板蓋宮Ⅲ期遺構の内郭南区画で見つかっている東西掘立柱塀ＳＡ７１１８・７９０４と関連する可能性が高いと想定する。さらに、大津宮の内裏正殿と内裏南門との間に少し距離があるので、その空間は前述の東西塀ＳＡ００４によって区分され、これと内裏南門との間に内裏前殿が配されていたことを想定するのが無難であるとみなしている。

このように、林部氏は、林氏が建物や検出された塀の一部をもとに復元した大津宮の空間構成が、前期難波宮と類似すると理解したのに対し、むしろ伝飛鳥板蓋宮Ⅲ期遺構との類似点が多い構造であったと推測する。特に、林氏が内裏南門の南に前期難波宮と同様な大規模な朝堂院が配されていたとみなしたのには否定的な見解を述べている。

古代宮都に置かれた朝堂、朝堂院の性格に関しては、古く関野貞（せきのただし）氏に始まる朝堂を朝儀の場とするもの、喜田貞吉氏が提起した朝堂を政務の場とする説とがだされている。この朝堂の性格を検討した岸俊男氏は喜田説を発展させ、朝堂は本来的には政務の場として機能したもので、朝堂院は朝政の場であったとし、後に朝堂から曹司が分化したものとみなした。それだけに、大津宮での朝堂が、前期難波宮のように内裏南門の南に大きな朝堂院を構成したか、それとも伝飛鳥板蓋宮Ⅲ期遺構のように、内裏南門の北に内郭前殿に相当する建物が存在し、その東西に南北棟の朝堂が配されていたかは、大津宮の性格を考える上で、また宮都の変遷を考える上でもきわめて重要である。

　このように大津宮の内裏、朝堂院の構造復元は、林氏が復元案を提示してから二十余年を経過した今日でも、対称位置で確認できた遺構が見つかっていないことからみて、なお仮説段階にとどまっている。特に、内裏南門から南側一帯に、大規模な朝堂院が配されていたかは、現状では判別する資料が乏しく、朝堂の配置をふくめ今後の調査による確認が大きな課題である。

　また、直接的に建物配置や構造とかかわるものでないが、大津宮に関連する遺構では、伝飛鳥板蓋宮Ⅲ期遺構や飛鳥の諸宮の遺構に顕著にみるような、人頭大の敷石遺構がまったく見つかっていない。この敷石遺構は、私見では朝礼に跪伏（きふく）・匍匐礼（ほふくれい）を採用したか、前期難波宮にみる立礼としたかに関連したものと想定しており、これも今後の調査で確認することがのぞまれる。

三、大津京は存在したか

大津宮の周辺に官人層が居住した条坊をもつ京域が存在したとみなしたのは喜田貞吉氏で、これを大津京と呼んだ。喜田氏は木村一郎氏の先行研究を取り入れることによって、それまで錦織に大津宮があったとする通説を排し、滋賀里の宮ノ内、太鼓塚の一帯に求めた。そして滋賀里、南滋賀、錦織にかけて京域が設定されたものと想定した。

その後、一九三四年(昭和九)、米倉二郎氏は条里復元と大津京の四至(しいし)を想定し、田村吉永氏も一九三七年(昭和十二)、大津京を東西九町、南北十二町、その中央に大津宮が所在するものとみなした。

一方、福尾猛市郎氏は、この地域の錦織、南志賀、滋賀里一帯に方八〇間あるいは四〇間を単位とする条里とは異なる地割が存在することに注目し、これを特殊区画と呼び、大津京と関連するものと想定した。

戦後、秋山日出雄氏は飛鳥京の地割研究を踏まえ、福尾氏の特殊区画をもとに大津京域の復元を試み、それとは別に藤岡謙二郎氏は岸俊男氏による藤原宮・藤原京の復元をもとに、藤原京の一坊の二分の一を単位とする東西八坊、南北十二条の大津京を復元した。

しかし、前述したように、昭和六一年（一九八六）、仁藤敦史氏は錦織で宮門、内裏正殿などの遺構が検出された考古学の調査成果を認めながらも、岸敏男氏らの都城研究を踏まえ、大津宮に特別行政区の性格をもつ大津京がともなったとはみなせないとし、長年にわたって展開されてきた大津京論そのものを批判した。

この仁藤氏の研究は、これまで前期難波宮、大津宮の周辺では条坊に関連する道路遺構が確認されていないこともあり、浄御原令が制定される以前に、特別行政区である京が存在しないとする考えと整合するものとして受け入れられている。そして、その後の都城制論では、大津宮に条坊をもつ大津京が存在したとみなす記述はほぼなくなった。

ところで、この大津京に関連する記載をみると、『日本書紀』天武元年（六七二）五月是月条に、

（前略）あるいは人有りて奏して曰さく、近江京より、倭京に至るまでに、處處に候を置けり。（後略）

また、同六月丙戌条に、

（前略）近江朝、大皇弟東国に入りたまふことを聞きて、其の群臣悉に愕ぢて、京の内振動す。（後略）

と記されている。

仁藤氏はこの「近江京」の表記は、飛鳥の「倭京」と対置して記されており、「倭京」は条坊制をもつ都城でなく、また特別行政区画（京職）の存在も認められないもので、官人、王族層が集住するのは藤原京の段階からであるとした。そして、喜田氏の研究以来、大津京が存在するものとみなしてきた研究の動向に対し、再考を求めるとともに、大津宮は中国的な都城とは異なった日本的都城の景観をなしていたとみなした。

では、木村氏・喜田氏に始まった大津京の研究は、幻想を求めたにすぎなかったのか。まず、喜田氏の研究、また米倉氏、田村氏の研究でも、現存する地割の大半を条里によるものとみなしていることからみて、大津京の存在を直接的に論証したものとはなっていない。しかし、福尾氏が錦織、南志賀、滋賀里の一帯にみられる特殊区画に注目したことは、七世紀に存在したとみなされている斑鳩の方格地割との関連で、また前期難波宮の周辺に方格地割が存在したとする関山洋氏の見解もあり、なお検討の余地がのこるであろう。

いま、錦織から滋賀里一帯をみると、米倉氏や田村氏らが復元した条里とみなされる地割と、福尾氏が見いだした特殊区画と呼称した地割の二つのものがある。これらのうち、前者の条里地割は湖岸寄りの東側低地一帯に広く分布し、後者の特殊区画は錦織、南志賀、滋賀里の山麓よりにのこっている。二つの地割がつくられた時期の新旧関係は明らかでないが、条里地割は条里制が広範に施行された以降の年代が求められるものと思われる。

一方の特殊区画は、詳細にみると南滋賀の小字の下河原、畑尻、出口から西側にみられ、北は滋賀里の蟻ノ内、宮ノ内にかけて、また西限は錦織の御所大平、大将軍から北の南滋賀の北榿木原（きたはんのきはら）の小字にかけて明瞭に遺存する（図68）。

この錦織から滋賀里にかけてみられる特殊区画は、秋山氏によると、令制の百歩（ぶ）（五〇〇大尺）に相当するとされ、秋山氏はこのような区画が南北一〇条（五〇〇〇大尺）、東西六坊（三〇〇〇大尺）におよぶものとみなした。しかし、その範囲は条里地割などによってすでに失われたものをふくめると、後述のように、さらに拡大して求めうる可能性がある。

特殊区画が成立した時期との関連で重視されるのは、大津宮の南門ＳＢ００１の中心と内裏正殿ＳＢ０１５の中心との心心距離である。これは八八・九五メートルであることが考古学的な発掘調査によってえられている。この数値は、大津宮南門の中心から小字「御所ノ内」の東縁の半分の長さに近似し、大津市製作三五〇〇分の一の地図によって測定した特殊区画の平均値一七六・五メートルの半分にきわめて近いものである。また、秋山氏が特殊区画を五〇〇大尺としたものと対応する。

このように特殊区画が大津宮南門と内裏正殿の距離の二倍にあたるとすると、この区画は他に考古学的な検証をえられていないが、大津宮に関連して設けられた区画とみなしうる可能性がきわめて高いものと推測される。

さて、昭和五九年（一九八四）、大津市坂本の穴太（あのう）地域で行われた西大津バイパスの事前の発掘調査で、古代寺院の穴太廃寺の伽藍中枢部が検出された。しかも、ここでは新旧二つの伽藍の遺構が見つかった。これらのうち、旧伽藍は北で約四〇度ほど東に偏し、金堂、塔、回廊などが検出され、新伽藍はほぼ真南北の方位に金堂を西に、塔を東に、その北に講堂を配した法起寺式伽藍をなしていた。

穴太廃寺から出土した軒瓦には、飛鳥期の高句麗系の素弁八弁蓮華文（そべんはちべんれんげもん）、単弁八弁蓮華文、複弁八弁蓮華文の軒丸瓦、重弧文（じゅうこもん）軒平瓦などが出土している。異論もあるが、先行する北で大きく東に偏する旧伽藍には飛鳥期の高句麗系軒丸瓦、大津宮の主軸とほぼ一致する新伽藍は、単弁八弁蓮華文、複弁八弁蓮華文軒丸瓦を葺いて大津宮遷都時に移建されたものとみてよい。しかも、旧伽藍は火災によって焼失した痕跡がみられないにもかかわらず移しており、その要因は大津宮遷都にともなって設けられた地割が穴太廃寺にも及んだことに主要な要因が求められている。

このように、飛鳥期に造営された穴太廃寺の伽藍が大津宮の方位に変更して建てられていることを重視し、著者は大津宮周辺に遺存する五〇〇大尺＝一七六・五メートルによる特殊区画の地割が当初は穴太廃寺周辺まで及んだものと想定し、条里地割などによって失われた特殊区画の復元を試みてみたことがある[13]（図70）。

その詳細は註に記した論文にゆずるとして、この特殊区画では、その南限は真東西に流れる不動川、その北にも西北から東南に傾斜する地形ながら真東西に流れる際川と一致することなどがわかる。著者が復元した大津宮周辺にみる特殊区画を再検討し、阿部義平氏も穴太から西織の南に及ぶ地割の存在を想定し、これを方格地割と呼称している[14]。

これらの特殊区画と同一単位とする方格地割は、仁藤氏がすでに説いたように、天武朝以前に計画されたものとみなされることからして、特別行政区画（京職）である条坊制による京とはみなし難いものである。しかし、これは大津宮遷都にともなって設けられた固有の方格地割の性格をもつものと理解される。

では、この大津宮周辺に広がる方格地割は、どうような性格をもつものか。

古代の宮都に関連する方格地割には、前述したように大和の斑鳩宮周辺に存在したことが岩本次郎氏、千田稔氏らによって注目されてきた。岩本氏は方格地割の存在を提起し[15]、千

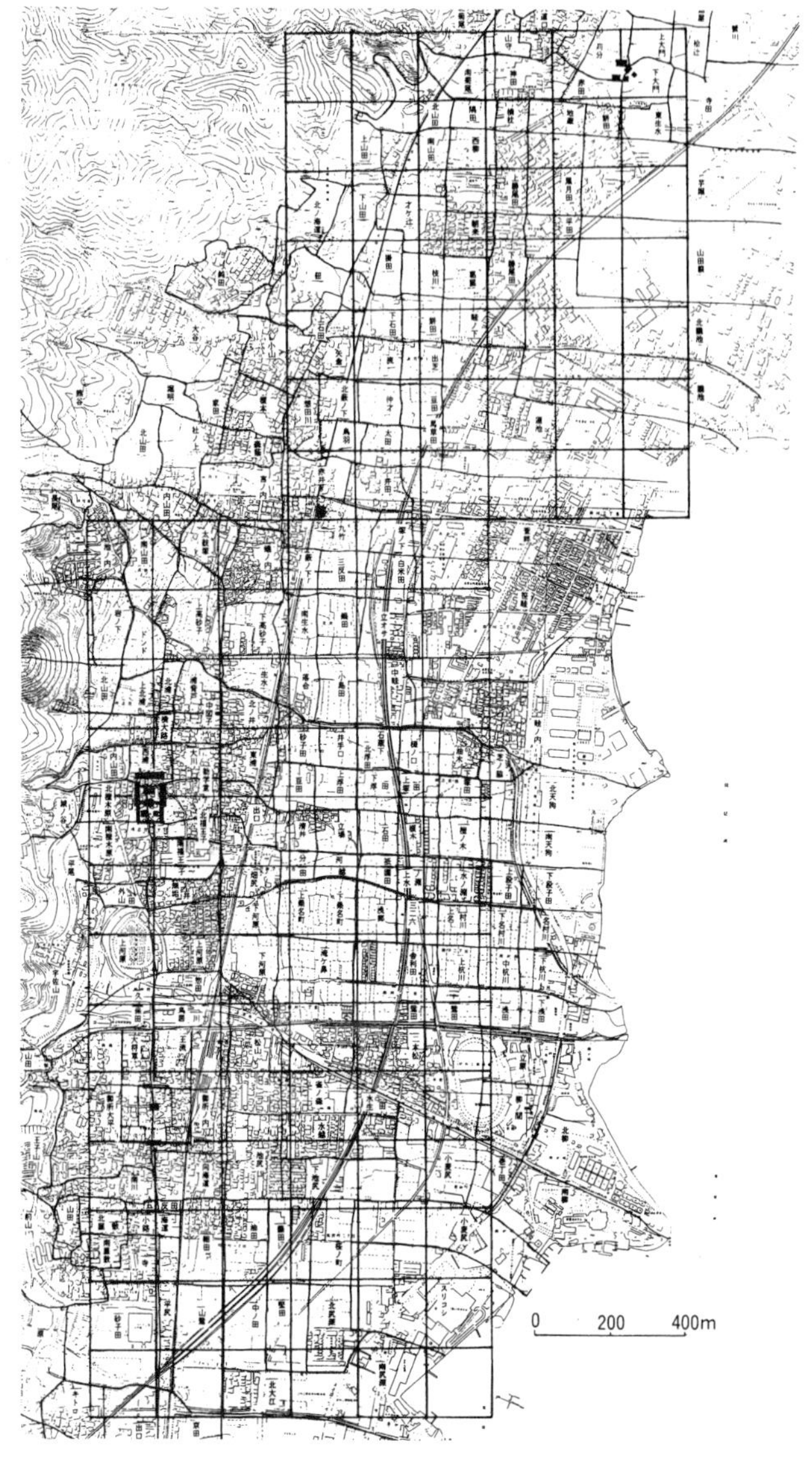

図70　大津宮周辺の方格地割

田氏もこれを検討し、斑鳩宮周辺に設けられた都市的な居住空間と理解している。[16]

また、これまで飛鳥でも、網干善教（あぼしよしのり）氏による高麗尺五〇〇尺、岸俊男氏による方一〇六メートル、秋山日出雄氏による一辺を一〇〇歩、千田稔氏による方五〇歩とする方格地割があったとする見解が提起されてきた。しかし、この方格地割とするものの実態が具体的にどのようなものであったのかは、考古学的な遺構による裏付けが不十分であったこともあり、いずれも想定にとどまってきた。しかし、近時、黒崎直氏は相原嘉之氏によって報告された飛鳥で検出されている道路遺構をもとに方格地割を検討し、四分の一里と五分の一里による地割があるとし、当初は五分の一里、後に四分の一里を単位とする方格地割が存在した可能性が高いとする見解を述べている。[17]

飛鳥では、飛鳥寺の造営の際に、蘇我馬子が衣縫造（きぬぬいのみやつこ）の祖樹葉（おやのこのは）の家を壊して建立しており、これには馬子によって飛鳥川右岸に計画的な都市空間が構想された可能性が少なくない。飛鳥に方格地割が存在したとすると、飛鳥から琵琶湖畔に遷都した大津宮遷都でも、同様に居住空間として方格地割が形成された可能性が少なくないであろう。孝徳朝から斉明朝にかけては、諸官司と官僚制の整備がはかられてきており、飛鳥から大津宮への遷都では、飛鳥から大津へ王族および多くの官人層が短期間に移住し、職掌を担うためにも、宮室の周辺にかれらが集住する居住区を設けることは不可欠なことだったとみなされる。

この居住区は、浄御原令が制定される以前のことだけに、後の条坊制による京とは異なる空間構成であったと推測される。福尾氏が注目した特殊地区にみる方格地割は、このような飛鳥から遠く隔てた大津宮遷都という固有の条件にともなって設けられた居住区の性格をもった可能性が高いものとみなされる。そして、この居住区の性格をもつ方格地割の設定は、錦織、滋賀里を越え、穴太一帯まで計画されたものとみなされる。そして、このような方格地割の造営が、後に整然と、しかも広大な条坊制をもつ藤原京の造営を可能とする技術的側面を準備することにつながったものと推測される。

ところで、私見のように、福尾氏が見いだした特殊地区をさらに越える範囲の方格地割が存在したことを想定した場合、大津宮周辺の旧地形との関連が少なからず問題になる。

これには、林博通氏のように湖岸の大津宮時代の頃の推定汀線、あるいは低湿地帯（建物立地可能範囲）を標高九二・五メートル付近に想定して図示したものもある。しかし、より具体的には、南湖の対岸にあたる白鳳寺院の草津市宝光寺廃寺で検出した講堂の瓦積基壇の基底部の標高は、八六・一メートルで、この高さは七世紀後半に琵琶湖の水難を避けうるほぼ安定したものであったとみなされる。[18] そして、大津宮の周辺に遺存する条里地割は、それより高い八七・五メートルで、最も東の浅田、上杭川、下名村川の小字の一町分のみが外れるだけ（図68）で、この地域が後世に隆起したのでなければ、この条里地割のほとんどが琵琶湖の汀線から隔てた安定した地域であったとみなしてよい。

大津宮遷都の後、蒲生郡への遷都の動きが『日本書紀』天智九年（六七〇）二月条に記されているとはいえ、大津宮周辺に王族、官人層が集中して居住しうる一定の居住空間なしには飛鳥から遷都し、宮都として政治的執行を行うことは不可能であったと思われる。

このように大津宮は、その周辺に条坊制をなす京とは異なる方格地割の居住地が設定された宮都であったとすると、飛鳥から大津宮へ遷都を行った要因、背景はどのように考えられるか。

これには多くの見解がだされており、古く喜田氏は白村江の敗戦による外寇に対し、逢坂山の天嶮を控えた要害の地を選び、また交通の便を求めたとみなしたが、ほかに高句麗への軍事的支援の関係、旧勢力と新勢力の対立などの諸説がだされている。

これらの考えに対し、仁藤氏は遷都の要因は単純なものではないとしながら、大津宮遷都が旧伴造（とものみやつこ）層にどのような意味をもったかを問い、天智三年の新官位制は、中下級豪族に対し、官職体系の裏づけをもった授位を可能とした。しかし、飛鳥周辺に宮をおく限り、中下級の実務官僚として位置づけることが十分に徹底しないことから、この遷都により旧伴造層を王権にのみ依存して生活する中下級官人として位置づけようとしたことに大きな意義を求めている。また、仁藤氏は近江の大津は西の難波と並び、東国から大和飛鳥への物資の集散地になっていたので、この点も注目されたものと想定し、大津を特に注目する契機となったのは、『日本書紀』斉明五年（六五九）三月庚辰条に、斉明天皇が近江の平浦（滋賀郡比良の浦）へ行幸したとき、中大兄皇子らが同行したことによるものと推測している。

大津宮遷都は、白村江の役の後だけに、軍事的な側面が重視されるが、大津宮の周囲にはこれに関連する城塞を築いた記事はみられない。また城塞に関連する遺構もこれまで確認されていない。このことは軍事的側面を無視することはできないが、主要な要因とはみなせないであろう。大津宮遷都後は、中大兄皇子、中臣鎌足を中心に政治的諸制度の刷新が行われ、天智九年（六七〇）には庚午年籍が造られ、新たな国家体制が求められている。これは、乙巳の変後に、飛鳥から水陸交通に恵まれた難波遷都を断行したことからみて、大津宮遷都も水陸交通の要衝の地にある大津がもつ交通条件と豊かな資源をもつ地域に注目し、新たな官司、官僚制の促進をはかろうとしたものと理解されるのである。

註

（1）仁藤敦史『古代王権と宮都』吉川弘文館　一九九八年

（2）木村一郎『大津皇宮御趾尊重保存資料』一九〇一年

（3）喜田貞吉「大津京遷都考」『歴史地理』第一五巻第一号・第二号　一九一〇・一九一一年

（4）肥後和男「大津京阯の研究」『滋賀県史蹟調査報告』第二輯　滋賀県保勝会　一九二九年
（5）米倉二郎「条里より見たる大津京」『歴史と地理』第三四巻第一号　一九三四年
（6）田村吉永「大津京考」『大和志』第四巻第八号　一九三七年
（7）福尾猛市郎「大津京」『大津市史』上巻　一九四一年
（8）秋山日出雄「飛鳥京と大津京都制の比較研究」『飛鳥京跡』Ⅰ　一九七一年
（9）藤岡謙二郎「古代の大津京域とその周辺の地割に関する若干の歴史地理学的考察」『人文地理』第六号　一九七一年
（10）林博通『大津京』ニューサイエンス社　一九八四年
（11）林博通『大津京跡の研究』思文閣出版　二〇〇一年
（12）亀田博「飛鳥京小考」『橿原考古学研究所論集』第六　吉川弘文館　一九八四年
林部均『飛鳥の宮と藤原京―よみがえる古代王宮―』吉川弘文館　二〇〇八年
（13）小笠原好彦「大津京と穴太廃寺」『考古学古代史論攷』伊東信雄先生追悼論文刊行会　一九九〇年
（14）阿部義平「日本列島における都城形成（二）―近江京の復元を中心にして―」『国立歴史民俗博物館研究報告』第四五集　一九九二年
（15）岩本次郎「斑鳩地域における地割の再検討」『文化財論叢』Ⅱ　奈良国立文化財研究所編　同朋舎　一九八三年
（16）千田稔『古代日本の歴史地理学的研究』岩波書店　一九九一年
（17）黒崎直「飛鳥の道路遺構と方格地割」『日本遺跡学会誌』第二号　二〇〇五年
（18）草津市教育委員会『宝光寺跡発掘調査報告書』一九八七年

第二章　紫香楽宮と甲賀宮の造営

一、聖武天皇の出立と恭仁宮・京の造営

天平十二年（七四〇）一〇月二九日、大宰府管内で藤原広嗣の乱がまだ完全におさまっていないさ中、突然に聖武天皇は東国へ行幸した。その後の十一月三日、伊勢国の一志郡の河口頓宮に滞在中に、広嗣が肥前国松浦郡の値嘉島（長崎県五島列島）で捕えた報告が入った。そして、五日には、広嗣を斬刑に処した知らせも入った。しかし、聖武は平城宮・京へ還幸することなく、そのまま北進した。十一月二六日、一行は美濃国の当芸郡に入り、さらに十二月一日、不破郡の不破頓宮に滞在した。

十二月六日、聖武は西進して近江国の坂田郡へ入り、そのまま西へ進んだ。そして、犬上郡から愛智郡、蒲生郡、野洲郡などを経由し、十一日、滋賀郡の禾津頓宮に到着した。

翌々日の十三日、聖武は琵琶湖西岸の滋賀里山中にある志賀山寺（崇福寺）を参拝した。十四日、禾津頓宮から山背国相楽郡の玉井頓宮に入った。その翌日の十五日、恭仁郷に設けていた恭仁宮に入り、ここで恭仁宮・京を造営することにして遷都したのである。『続日本紀』天平十三年（七四一）正月一日条は、聖武は恭仁宮で、帷帳を張りめぐらせて朝賀を受け、内裏で五位以上の官人らと饗宴を行っている。この天平十三年正月から、恭仁宮・京の造営が本格的に着手されている。この恭仁京は、東から西へ泉川（木津川）が流れ、鹿背山の西道から東を左京、西を右京とした都城であった。そして、鹿背山の東の河（泉川）の恭仁宮の南に橋を架している。

さらに天平十四年（七四二）二月、聖武は恭仁京から近江国甲賀郡に東北道を開き、通ずるようにした。ついで八月十一日、近江国の甲賀郡の紫香楽村に行幸するために、紫香楽宮の離宮を造営させている。そして、八月二七日、初めて紫香楽宮へ行幸している。

その後、聖武は十二月末に二度目の行幸を行い、天平十五年（七四三）四月、さらに七月二六日に行幸すると、聖武はそのまま紫香楽宮に滞在し続け、一〇月十五日、紫香楽宮の周辺で金銅製の盧舎那仏の造立を行う詔を出したのである。

この盧舎那仏造立の詔には、国中の銅をすべて費やしてでも銅像を鋳造し、大きな山を削って仏堂を建設し、仏法を広め、仏の功徳によって悟りを開くようにする。天下の権勢を有するのは天皇だが、その富と権勢で造るのはたやすい。しかし、これでは造像の精神に到達し難い。とはいえ無やみに人民に苦労をさせて罪におちいることを恐れる。そこで、この造立に協力しようとする者には許可するように。また国や郡の役人は、造仏を理由に物資をとりたてることをしてはならない、と述べている。

このような聖武による盧舎那仏を造立する詔がだされると、十九日、突如として、民間僧の行基とその集団が盧舎那仏の造立に参画することになったのである。

さて、恭仁宮・京の造営では、恭仁宮の大極殿の構築も、平城宮の大極殿を移転させ、天平十五年（七四三）正月三日、大極殿に出御して朝賀を受けている。はたして、恭仁京の造営がどの程度の進展をみたかは明らかでないが、聖武は天平十五年末で、恭仁宮・京の造営を中止した。恭仁宮・京の造営も、三年を経過していたのである。

天平十六年（七四四）正月、聖武は恭仁宮・京から新たに難波宮・京への遷都を計画した。そして、閏正月十一日、聖武は難波宮に行幸した。二月に入ると恭仁宮から駅鈴（えきれい）・内外印を難波宮に移し、さらに二月二〇日、恭仁宮の高御座（たかみくら）と大楯、兵庫にあった武器なども船で漕運している。そして、二月二六日、難波宮で左大臣の橘諸兄（たちばなのもろえ）によって、難波遷都の勅が読まれている。

しかし、その二日前、なぜか聖武は難波宮を離れ、紫香楽宮に行幸している。しかも以後、聖武は紫香楽宮に滞在し続けたのである。

十一月十三日、甲賀寺の盧舎那仏の体骨柱が建てられ、聖武は、その除幕する儀式に参列し、縄を引いている。これは盧舎那仏の塑像が完成した儀式と思われる。

その直後、『続日本紀』天平十六年（七四四）十一月十七日条は、それまで難波宮に滞在していた元正太上天皇が甲賀宮を訪れたことを記している。しかも、この記事では、それまで聖武が滞在した離宮は紫香楽宮と記しながら、この日の以後は、いずれも宮号を甲賀宮と表記している。そして、『続日本紀』天平十七年（七四五）正月元日条は、

> 廃朝す。たちまちに新京に遷り、山を伐り地を開きて、以て宮室を造る。垣牆未だ成らず、繞すに帷帳を以てす。兵部卿従四位上大伴宿禰牛養、衛門督従四位下佐伯宿禰常人をして大なる楯・槍を樹てしむ。

と記している。

この記事には、にわかに甲賀宮を造営したことから、宮域の周囲に囲繞する大垣、塀は完成するまでは至っていないとする。そして甲賀宮の宮門に大楯と槍を樹立し、ここに遷都したことを明らかにしたことを述べている。この元日、聖武は五位以上の官人らと甲賀

宮の御在所で宴を催している。また、正月七日には、大安殿で五位以上の官人らと宴を催し、さらに主典以上のすべての官人らは朝堂で饗宴を行ったことを記している。

　このように、予告もなく、難波宮から突然に遷都した甲賀宮は、重要な儀式を行う大安殿、官人らが政務を担い、また重要な国家的な儀式を挙行する朝堂を配し、さらに天皇の居処である御在所も設けられていた。また前年の十一月十七日に、難波宮から元正太上天皇が甲賀宮に到着しており、元正の居処の御在所も設けられていたとみてよい。

　正月二十一日、聖武は行基に対し、大僧正を授与している。これは行基らの尽力によって盧舎那仏の造立が著しく進展をみたことに対する評価と理解されるものである。この盧舎那仏の造立工作に関連し、四月二五日には、像仏にかかわる国君麻呂（くにのきみまろ）に正七位上から外従五位下を授与している。

　しかし、四月に入ると、一日に甲賀宮付近に設けられていた市の西山で火災があった。また三日にも、東山で火災が起こっている。

　そして、四月二七日、地震が一晩中あり、余震が三昼夜も続いている。この大地震は震源地が美濃国で、国衙の館，櫓、正倉をはじめ、仏寺の堂塔、人民の家屋などが多く倒壊したという。その後も余震が続いている。

　五月五日も余震が一昼夜も続いた。この日、聖武は甲賀宮から恭仁宮へ還幸した。そして、なお一〇日まで余震が続いている。十一日、聖武は恭仁宮から平城宮へ還幸し、中宮院を御在所とした。そして、皇后は後に法華寺とした旧藤原不比等邸に入っている。

その後、聖武は平城宮へ還幸した後の八月、甲賀宮の付近で行基らとともに進めていた盧舎那仏の造立を中止し、八月二三日、平城京外の東の地で再び盧舎那仏の造立を開始している。そして、そこを東大寺と呼び、盧舎那仏の開眼会を行ったのは、七年後の天平勝宝四年（七五二）四月九日のことであった。

二、紫香楽宮の探索

近江国の甲賀郡に所在した紫香楽宮は、古くから滋賀県甲賀市の北部にあたる信楽町の内裏野（だいりの）に想定されてきた。この内裏野の地は、北流する大戸川の右岸に位置し、南北に長い低丘陵をなしている。ここが享保十九年（一七三四）、寒川辰清（さむかわたつきよ）が編んだ『近江輿地志略（よちしりゃく）』などに寺野、あるいは内裏野とも呼ばれ、聖武が難波宮・京から遷都した紫香楽宮跡とみなされてきた。

この内裏野には大正期に一二九個もの多くの礎石が遺存することが知られており、黒板勝美（くろいたかつみ）氏によって現地視察が行われ、大正十五年（一九二五）一〇月、紫香楽宮跡として国史跡に指定されることになった。

しかし、昭和五年（一九三〇）一月、その頃に滋賀県の依頼で大津宮・京の研究を行っていた肥後和男氏がこの遺跡が寺院跡と類似することから、発掘調査を国に申請し、短期間ながら発掘したところ、紫香楽宮の殿舎とみなしていた建物群の東側で心礎をはじめ礎石が遺存する塔跡を検出することになった。

この発掘によって、内裏野に残っていた多くの礎石群による建物群は、紫香楽宮の殿舎ではなく、西側に中門、金堂、講堂、鐘楼、経楼、回廊、僧房、食堂、その東に塔とそれをめぐる塀をともなう塔院からなる伽藍であった。そして、全体的にみると東大寺の伽藍配置と類似する寺院跡であることが判明した（図42）。

そこで、肥後氏は内裏野に遺存する伽藍の建物を、聖武が平城宮へ還幸した後、紫香楽宮を寺院の伽藍に改修したもの、もしくは『正倉院文書』天平勝宝三年（七五一）十二月十八日付け「奴婢見来帳（ぬひげんらいちょう）」に、甲賀宮国分寺と記すことから、紫香楽宮を近江国分寺に改修した可能性を想定して報告している。(1)

戦後の昭和三八年（一九六三）、この年度から五ヶ年の計画で、滋賀県教育委員会は、遺存する堂塔跡の実測図を作成し、紫香楽宮跡の遺構を保存し、史跡整備を行なっている。そして、奈良国立文化財研究所（当時）によって製作された内裏野に所在する伽藍の景観復元図を史跡の講堂跡付近に掲示している。

昭和四五年（一九七〇）、歴史地理学の足利健亮（あしかがけんりょう）氏は『続日本紀』に記す大安殿、朝堂、朱雀門、朱雀路などをもとに、内裏野の地を対象として紫香楽宮の宮域復元を試みている。この論文で、足利氏は紫香楽宮には大極殿の記載を欠いているので、それに代わるものとして甲賀寺の仏殿を配して宮都を造営したものと想定した。そして、内裏野の台地の規模を超える東西一〇一二メートルの東限、西限を想定し、さらに同規模の北限、南限を求める論を提示している(2)。

また、足利氏は、紫香楽宮の宮都に対し、当初は離宮として計画したが、その後は離宮をはるかに超えた大規模な造作や経営がなされたものと理解している。そして、その北にあたる宮町の小盆地も、その地名から注目し、ここも宮域として方八町の区域を設定しうる内裏野以外の唯一の地域とみなしたが、北と西の大部分を低湿な水田地が占めており、南と東側が台地となすような地形は、宮都を営む立地として他に例がないことから不適当であると判断している。

しかし、昭和四四年（一九六九）から、県営圃場整備事業が信楽町の雲井地区で開始され、その後は宮町地区でも行われることになった。この水田の畦畔（けいはん）を大規模に付け替えする工事中に、地中から三本の柱根が掘り出され、たまたま地権者によって拾われている。

図71　宮町遺跡と関連遺跡（『条里制・古代都市研究』第29号）

この三本の柱根は地権者の自宅に運ばれ、昭和五〇年（一九七五）に信楽町教育委員会の知るところとなり、県教育委員会と連絡をとって調査したところ、奈良時代の掘立柱建物の柱が残存したものであることが判明した。

しかし、圃場整備事業が完了した直後の水田に対し、発掘を行うことは地権者の協力を得ることが難しく、宮町遺跡の発掘調査を実施することにたどり着いたのは、奈良時代の柱根と判明してから九年後のことであった（図71）。

三、検出した朝堂と正殿

宮町遺跡で昭和五九年（一九八四）二月に実施した第一次発掘調査は、滋賀県教育委員会と信楽町教育委員会の両教委による合同調査として実施している。この発掘では、宮町遺跡の中央北辺部の少し東側付近に、狭い調査溝（トレンチ）を数ヶ所設定して行われた。この発掘調査では、掘立柱建物の一部とみなされる柱穴群を五棟分ほど確認したにとどまったが、ここに奈良時代に構築した建物が建てられていたことが判明したことは、後につながるじつに大きな成果であった。

その後の第四次発掘調査からは、信楽町教委が単独で発掘を継続して進めることになった。この第四次発掘調査では、掘立柱建物二棟を検出し、また初めて「奈加王」「垂水□」と記した木簡、「万病膏」と記した須恵器の墨書土器が出土した。この第四次調査で木簡が出土したことは、宮町遺跡に紫香楽宮と関連する施設があった可能性が少なくないことを示したことになる。

さらに、大きな成果が得られたのは、それまでと同様に北辺部で実施した第十三次発掘調査（平成五）である。この発掘では、北と南、さらに東に庇をもつ大型の東西棟建物が検出されている。また建物周辺で検出した溝から木簡も多く出土している。そして、それらの木簡の中に天平十五年（七四三）と記した越前国からの荷札木簡があり、宮町遺跡が奈良時代の紫香楽宮に関連する遺跡であることが疑いのないものとなったのである。

そして、平成十二年（二〇〇〇）の第二八次発掘調査は、それまで行ってきた北辺部での発掘とは異なり、宮町遺跡のほぼ中央南半部にあたる位置で実施したものである。

この中央南半部の一帯は、圃場整備事業を実施する以前の水田畦畔の地割では、東西に延びる大きな長方形の地割があり、また、その南に南北方向の整然とした地割もあり、早くから注目してきたところであった。その地区を発掘した結果、長大な南北棟で、四面に庇をもつ掘立柱建物（ＳＢ２８１９３）が検出されたのである。この建物は、全長一〇〇メートルを超す長大な南北棟の掘立柱建物であることが判明した。しかも、この長大な建物の柱穴には、数ヶ所で柱根も遺存していた。

この宮町遺跡のほぼ中央部付近に建てられた巨大ともいうべき南北棟建物は、『続日本紀』天平十七年(七四五)正月七日条に記す甲賀宮(こうかのみや)の朝堂の性格をもつ可能性が高いものと推測された。

ついで平成十三年(二〇〇一)秋の第二九次発掘調査では、前年の長大な南北棟建物を西朝堂に想定し、その東方一〇〇メートルの地で発掘調査を進めたところ、想定する西朝堂と同一の柱間をもつ長大な南北棟建物(ＳＢ２９１００１)を検出している。これによって、二棟の長大な南北棟が、対称に配置されていたことが判明したのである(図72)。

さらに、想定する東と西の朝堂建物の中間にあたる北端部付近の空間で、大型の四面庇付の正殿とみなされる東西棟建物(ＳＢ２９２００１)が北側柱列を朝堂建物の北妻柱列に揃えて建てられていることが判明した。また、その正殿とみなされる建物の北にも大形の東西建物が配されていた。しかも、この正殿の北に配された東西棟建物(ＳＢ２９００３)は、後に小規模な東西棟の門(北門)に改修されていた。

また、この北門の西北にも、大形で両面庇をもつ東西棟建物(ＳＢ３０００６)が建てられていることも判明した(図72)。そして、二〇一二年(平成二四)の第四〇次発掘調査では、この両面庇付の東西棟建物の東二〇メートルで、東朝堂と西朝堂間を中軸線とする東の対

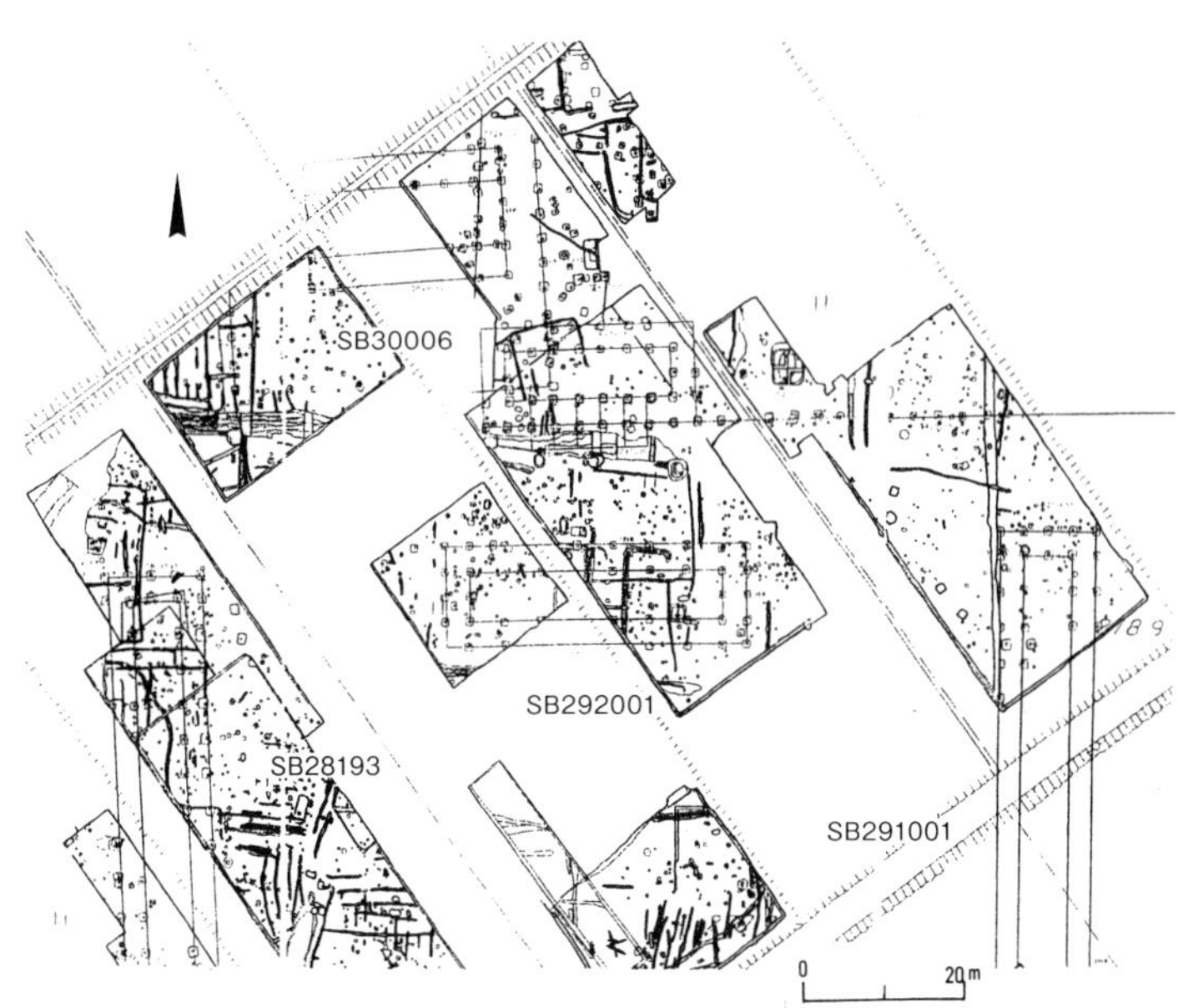

図72　甲賀宮朝堂院の遺構配置図（甲賀市教育委員会提供）

称の位置で、桁行七間、梁行五間の両面庇付の東西棟建物（ＳＢ４０１００３）が配されていることが明らかになったのである（図46）。

四、甲賀宮（紫香楽宮）の構造

これまでの宮町遺跡の発掘で検出されている遺構は、中央地区、中央北地区、東地区、西南地区に区分される。これらのうち、中央地区は宮町遺跡のほぼ中央部から南半部にかけての地区で、北東から南西に緩く傾斜する地形をなしている。中央部の南の一部に谷状の落ち込みが検出されており、建物の造営時に埋め立て整地していた。以下、宮町遺跡の各地区ごとに、検出されている遺構を記すことにする。

中央地区

宮町遺跡のほぼ中央部に相当する地区で、二〇〇〇年（平成一二）以降、大型の掘立柱建物が相次いで検出され、長大な南北棟建物二棟を対称に配し、その間の北端部に大型の四面庇付の東西棟建物が配されていた。

これらのうち北側の大型東西棟建物（SB292001）は、桁行九間（三七・一メートル）、梁行四間（十一・九メートル）で、四面庇付建物である。この建物は、東と西に配された長大な南北棟建物の北妻柱列と北側柱列と柱筋を揃えて建てており、正殿と理解される建物である。

その北十五メートルに桁行梁九間（二六・七メートル以上）、梁行四間（十一・九メートル）の四面庇付の建物がある。発掘調査での所見では、柱の掘方内に柱を据えた痕跡がみられないことから、柱穴は掘削したが、建物を構築することなく、途中で中止した可能性が高いとみなされている。

この後殿と重複して、桁行五間（十四・六メートル）、梁行二間（五・九メートル）の東西棟の北門（SB292500）が検出されている。そして、この北門の東と西に掘立柱塀が設けられていた。

さて、正殿の東南と西南には、長大な南北棟建物が対をなして配されている。これらの建物は、前述したように『続日本紀』天平十七年（七四五）正月七日条に記す朝堂とみなされるものである。西朝堂（SB281193）は桁行二五間以上（九六・四メートル以上）、梁行四間（十一・九メートル）の南北棟建物で、南限は確認されていない。北と東・西で庇を検出しており、四面に庇の付くものと推測される。桁行の身舎の柱間は、四・二メートル前後であり、少しばらつきがある。北半部の柱穴の一部で短い柱根の一部が遺存していた。

また、東朝堂（SB291001）は、正殿を中心に西朝堂の対称の位置に構築された長大な南北棟建物である。北半部の五間は第二九次発掘調査で、南の延長部の十三間を第三六次発掘調査（平成十九）で検出している。桁行二二間以上（八七・八メートル以上）、梁行四間（十一・九メートル）の南北棟建物で、東・西に二・九七メートルの庇が付いていることも確認されている。

このような中央南半部から検出された正殿、後殿と東西の朝堂は、つぎのように計画的に配置している。その一つは、正殿の北側柱列と東朝堂、西朝堂の北妻柱列の柱列をほぼ揃えて建てている。二つに、東西の朝堂は、いずれも現状では南限が確認されていないが、周辺の地形と想定される宮域を考慮すると、桁行二七間の建物であったとみなしうる可能性が高い。そして、想定どおり二七間とすると、全長が一一一・九メートルに推測されることになり、きわめて長大な朝堂を構築したことになる。

三つに、東朝堂と西朝堂の東側柱列間の距離は、三八〇尺（一一二・八六メートル）をなしており、これは東西の朝堂の桁行総長一一一・九メートルとほぼ同一の長さである。朝堂の南北長は、まだ南限を確定していないが、二棟の朝堂建物によって、ほぼ方形の空間を計画的に構成した可能性がきわめて高いものと推測される。

そして、これらの朝堂は、聖武が難波に造営した後期難波宮では、東西四堂ずつ配し八堂で構成していたことからみると、北から七間で区分し、それぞれ四堂分を満たす建物として構築した可能性がきわめて高いであろう。ただし、これを四区分した場合は、南端もしくは北端の空間は六間になったものと推測する。

さらに正殿の北で検出された後殿は、桁行九間、梁行四間に計画したが、造営途中で変更し、朝堂院の空間を区分する桁行五間、梁行二間の北門に変えたものと推測されている。これは、この北門の北に構築した建物群を理解するうえで重視されることである。

これらの建物の他に、西朝堂に隣接する西側では、小規模な東西棟建物二棟が南北に揃えて配しており、この間は区画する塀は確認されていない。

一方、朝堂院の北門の北側では、北西に近接して桁行七間（二四・五メートル）、梁行五間（十四・九メートル）の北と南に面庇がつく東西棟建物（ＳＢ３０００６）を検出していた。そして、この東西棟建物ＳＢ３０００６の東で、二〇一二年（平成二四）に、これと同規模の桁行七間（二四・八メートル）、梁行四間（十四・八メートル）の北と南に庇が付く両面庇付き東西棟建物ＳＢ４０１００３が見つかっているのが重視される（図46）。

この東西棟建物ＳＢ４０１００３の北東に、庇のない東西棟建物二棟が南北に妻柱列を揃えて配され、その東に区画する南北塀が見つかっている。これらの大型で両面庇を付ける東西棟建物は、平城宮や恭仁宮では、内裏に相当する空間に構築されたものである。

中央北地区

中央地区の北に接する中央北地区は、朝堂院北門から北へ一〇〇メートル、東地区から西へ六〇メートル隔てた地区である。宮域としては北端付近に想定される。ここでは第十三次調査で、桁行九間（三二・四メートル）、梁行四間（十三・四メートル）の四面庇付の東西棟建物が検出されている。この建物の周辺の溝からは、「大殿所（おおどのどころ）」などと記した木簡が出土しており、この一画の中心的な建物であったと推測なされる。この大型建物は、検出した時には、木簡に記す大殿的なものに想定されたが、朝堂院から遠く隔てているので、その可能性は高くないであろう。

東地区

東地区の地形は、東から緩く西へ傾斜しており、南側で一メートル近く落差がみられる。見つかっている主な遺構は、掘立柱建物八棟、掘立柱塀三条などがある。

東側に北と南に庇がつく桁行五間、梁行四間の東西棟建物ＳＢ１５０３とその東南の東西棟建物ＳＢ１５０２、さらに三棟の総柱建物が検出されている。これらの建物は集中して構築されているが、重複していないものでも、全てが同時には存在したものとはみなしにくい状況で、先後関係が想定される。

これらの建物群の東側では、空間を区分する南北掘立柱塀の東に、南北棟建物一棟が見つかっている。また、西側でも、三〇メートルほど隔てて掘立柱塀があり、その西で桁行五間、梁行三間の掘立柱建物一棟が見つかっている。これらの東地区の建物は、建物の規模や配置などからみると、実務的な職掌を担った官衙の曹司を配したものと推測される。

西地区

中央北地区から西へ一〇〇メートルほど離れた地区で、これまで狭い調査地内から、桁行二間以上、梁行三間の倉庫、桁行三間、梁行三間の小規模な倉庫などが見つかっている。宮域の全体からみて、西北に偏しており、官衙の一部とみなされる。

西南地区

宮町遺跡の西南部には、幅二〇メートルの南北溝とこれに東から流れ込むほぼ同じ幅の東西溝が検出されている。これらの溝からは多量の木材片と木簡が出土している。

以上が宮町遺跡の発掘でこれまで検出されている甲賀宮（紫香楽宮）に関連する主要な遺構である。このような発掘調査からすると、甲賀宮（紫香楽宮）は、どのような構造をなしていたと考えられるだろうか。

宮町遺跡の中央南半部からは、大型の東西棟建物を中心とし、長大な南北棟の掘立柱建物二棟が検出された。この長大な南北棟建物は、桁行が一〇〇メートルを超える規模のものである。八世紀の宮都遺跡で、このような長大な南北棟建物が見つかっている遺跡に、平城宮跡から類似するものが検出されている。

その一つは、平城宮の中央地区にある第一次朝堂院で検出された朝堂である。平城宮の中央区朝堂院は、東西七二〇尺、南北九六〇尺の空間をなし、東側には北にＳＢ８４００、南にＳＢ８５５０の長大な二棟の朝堂を配している。北の第一堂は南北約四四メートル、南の第二堂は南北約九二メートルで、長大なものを建てている。

また、東地区にある第二次朝堂院の下層で見つかった第四堂は、桁行十九間（五六・六メートル）、梁行四間（八・九メートル）で、東西に庇をつけている。これらの朝堂は、宮城の中心的な朝堂院に配された建物で、政務と儀式にかかわる重要な殿舎である。

宮町遺跡の第二八次調査で見つかった長大な二棟の南北棟建物（ＳＢ２９１００１・２８１１９３）を朝堂と理解すると、『続日本紀』天平十七年（七四五）正月七日条に、

（前略）百官の主典（さかん）已上（いじょう）に朝堂に饗（みあえ）を賜ふ。禄、また差（しな）あり。

とあり、甲賀宮に朝堂があったことを記している。

一方、平城宮で見つかっている長大な建物には、いま一つ宮城の西方北部で見つかったものがある。この西池宮は、第一次大極殿の西三五〇メートルに配されたものである。この西池宮の長大建物SB5300は、桁行二一間（八七・六メートル）、梁行四間（十一・九メートル）で、西庇をつけた南北棟建物である。その西にあたる中央の位置には桁行五間、梁行は不明の南庇をもつ東西棟建物SB15750の正殿を配し、その北にも東西棟の大形の後殿SB16320が配置されたものと想定されている。また、その西側の対称の位置にも長大な南北棟建物SB18000が配置されたことも想定されている。

これらの南北建物群が中心建物の左右に対称に配していることと、脇殿の規模からみて、『続日本紀』天平一〇年（七三八）七月七日条に、聖武が西池宮の宮殿の前にある梅の樹を指さし、下道真備（吉備真備）や諸々の才子に、梅の樹を題材に春の心を詩に詠わせたことを記す離宮と関連する点も少なくない。

これらの平城宮跡の中央区の朝堂院、あるいは西池宮にほぼ同様なきわめて長大な建物があり、平城宮にその類例を知りうることになる。これらのうち、中央地区の第一次大極殿院にともなう朝堂院の朝堂、あるいは西池宮に建てた長大な建物は、実務的な機能を重視した建物というよりも、多くの官人を対象とする饗宴を催すような性格を想定させている。しかし、甲賀宮の長大建物は、これまでの発掘での遺構の検出状況から東西六〇〇メートル、南北五〇〇メートルほどの規模に想定されることからみて、官人らの政務とともに儀式にもかかわる重要な殿舎であったと推測される。

ところで、甲賀宮（紫香楽宮）の長大な南北棟建物は、宮の中央南半部に構築しており、平城宮の中央区の第一次朝堂院の朝堂に近い位置に配した建物である。この朝堂は後期難波宮では、八堂を配したことが判明している。甲賀宮の朝堂では、間仕切りする施設は検出できていないが、桁行七間として区分すると、四区分することが可能となり、二つの朝堂は、聖武朝難波宮の朝堂の八堂分に相当することになる。このことは、甲賀宮に配した朝堂は、聖武朝難波宮の朝堂院に対称に配した朝堂の四堂分を、敢（あ）えて一棟の南北棟建物として構築したものであろう。

つぎに、『続日本紀』天平十七年（七四五）正月七日条は、この日、聖武は甲賀宮の大安殿に出御し、五位以上の官人らと宴を催したことを記しており、甲賀宮には大安殿が建てられていた。

奈良時代の大安殿の性格は、平城宮の大極殿と大安殿の関連をふくめて、寺崎保広氏によって詳細に検討されている。いま、その研究を要約すると、以下のようになる(3)。

大安殿は、『日本書紀』の古訓が「大極殿」の語と同じく、「オオアンドノ」と読み、大安殿と大極殿とを同一の殿舎とみていたことがうかがえる。この大安殿の使用例をみると、朝賀や出雲国造神寿詞など大極殿と同様の儀式や正月七日宴、十六日宴など多くの官人を朝堂で賜宴する場合に使用している。平城宮では、中央地区朝堂院の他に、東地区にも朝堂院があり、その東地区の朝堂の下層で検出されている十二堂の建物が朝堂とみなされる。その正殿にあたる桁行七間、梁行四間のSB9140の建物の呼称は大安殿であったと理解される。この建物は掘立柱式、檜皮葺であり、建築工法的には内裏内郭の建物と共通する構造のもので、中央地区に建てている大極殿とは対照的な大安殿と呼ぶのに相応しい建物であったとしている。

また寺崎氏は、大安殿と対比される建物に、「内安殿」という建物がある。古代では「内」と「大」の使い分けは、内廷と外廷にかかわる差異をもつものであり、内安殿は内裏正殿、大安殿は臣下と相対する場として、内裏外郭の外の場に建てられた建物と推測している。そして、平安時代にしばしばみる「小安殿」は、大極殿後殿を指す名称であり、これも大極殿の位置にある殿舎が、大安殿と呼んだ時期の名残と理解されるものであるとしている。

いま、このような平城宮の大安殿の性格を踏まえると、甲賀宮（紫香楽宮）では、天平十六年（七四四）三月十四日条に安殿、天平十七年（七四五）正月一日条に御在所、同年正月七日条に大安殿、朝堂を記している。

これらのうち、天平十六年三月十四日条は、「安殿」と記すもので、大安殿とは言い切れないであろう。そして、天平十七年（七四五）正月七日条は、天皇が大安殿に御し、五位以上の官人と饗宴を催し、授位を行った後、百官の主典以上の官人らと朝堂で饗している。この七日条からは、甲賀宮の大安殿と朝堂の位置関係を直接的に知ることは難しい。しかし、甲賀宮は大極殿の記載を欠くので、聖武が五位以上の官人らと饗宴を行った大安殿は、宮町遺跡で検出した朝堂院の殿舎配置からすると、正殿の殿舎以外には想定し難いであろう。すなわち、聖武は宮町遺跡の正殿と推測される大安殿で五位以上の官人らと饗宴し、さらに朝堂でも主典以上の官人らが饗宴したことを述べている。

さらに『続日本紀』には、それに先だつ同年（七四五）正月一日、聖武は甲賀宮の御在所で五位以上の官人らと饗宴を催している。この甲賀宮の御在所の所在する位置、もしくは建物の位置が問題になるであろう。

この御在所は、甲賀宮に先立って聖武が造営した恭仁宮跡では、大極殿院の北で内裏東地区と内裏西地区の二つの内裏に相当する遺構が見つかっている。

これらのうち、東地区では、北を掘立柱塀、東、西、南を築地で囲む東西約一〇九・三メートル、南北約一三八・九メートルの空間をなし、このほぼ中央部に、桁行七間（約二一メートル）、梁行四間（約十二メートル）の四面庇付の東西棟の中心建物を配していた。そして、その北にも桁行七間（約二一メートル）、梁行四間（約十二メートル）で、北と南に庇をつける両面庇付の東西棟建物を設けていた。

一方の、西地区は、四面を掘立柱塀で囲む東西約九七・九メートル、南北約一一七・四メートルの空間をなし、その中央部に、桁行五間（約十五メートル）、梁行四間（約十一・七メートル）で、北と南に庇をつけ、東に桁行三間、梁行一間の小規模な廊状のものがつく東西棟建物を配していた。そして他に東に離れて西庇をもつ南北棟建物、東北に離れて東と西に庇をもつ南北棟建物、西北で南北棟が見つかっている。

これらの二つの内裏の相当地区では、東地区が西地区よりも大きく、西地区は板塀をめぐらすのに対し、東地区は西、東、南の三面は築地をめぐらしている。殿舎配置も、西地区は中央に東西棟が一棟のみなのに対し、東地区は大型建物の前殿、後殿と二つの殿舎の柱筋を揃えて配している。

これらの二つの内裏想定地に対し、橋本義則氏は、平城宮の内裏の殿舎配置と『続日本紀』の恭仁宮の記事を検討し、東地区は、中央に四面庇をつける桁行七間、梁行四間の東西棟建物を南北に二棟配し、南に前庭をもっており、平城宮の内裏の系譜を引くものとする。そして、一方の内裏西地区は、中心建物が一棟のみで、桁行五間、梁行四間で、東地区の二棟の中心建物よりも小規模であること、『続日本紀』に、聖武は天平十二年

（七四〇）末に恭仁宮に赴いたが、太上天皇と皇后は、後に遅れて至っていることから、東地区を聖武の居処とみなしている。また皇后宮は恭仁宮外にあるのに対し、元正太上天皇の居処は、恭仁宮内に併存したとみなし、内裏西地区に想定する見解を述べている[4]。

このように、恭仁宮では二つの内裏想定地が検出され、橋本氏によって内裏東地区が聖武、内裏西地区が元正太上天皇の御在所をふくむ内裏に想定されており、この想定は、著者も同様に考えたことがあり[5]、妥当な考えと思考する。

さて、宮町遺跡では、内裏を設定したと想定される朝堂院の北門から北部には、第三〇次調査で検出された桁行七間（二四・九メートル）、梁行五間（十四・八メートル）の北と南に庇をつける東西棟建物（SB３０００６）がある。そして朝堂院の中軸線の東にも、第四〇次調査で、ほぼ対称となる位置で桁行七間（二四・八メートル）、梁行五間（十四・八メートル）で北と南に庇をつける東西棟建物（SB４０１００３）が検出されている。これらの二棟の東西棟建物はよく類似している。しかし、東の東西棟建物は、そのすぐ北に桁行五間、梁行二間の東西棟建物を二棟、西妻柱列を揃えて配している。またその東に掘立柱塀も検出されている。

このように現状のごく限られた発掘状況ながら、宮町遺跡で甲賀宮の聖武の御在所を朝堂院の北で求めると、東の両面庇付き東西棟建物SB４０１００３がこれに相当するものと想定され、その西のほぼ同規模の両面庇付き東西棟建物SB３０００６は、元正太上天皇が居処とした御在所に想定しうる可能性がきわめて高いのではないか。

そして、このように想定すると、恭仁宮の御在所よりも空間規模は狭いが、甲賀宮でも朝堂院の北に聖武と元正の御在所を配した可能性が高いものと推測されることになる。

以上のように宮町遺跡で検出した大型建物と甲賀宮の建物との関連を踏まえ、『続日本紀』に記す紫香楽宮と甲賀宮の宮号の関係を言及する前に、宮町遺跡で多量に出土している木簡を少し述べておくことにする。

五、宮町遺跡出土の木簡

これまで宮町遺跡からは七〇〇〇点を超える木簡が出土している。初めての出土は、「奈加王（なか）」「垂見（たるみ）□」と記す木簡が出土した第四次調査に始まる。以後、第十三次、第十六次、第十九次、第二二次、第二三次、第二五次の発掘調査地から出土している（図73）。

木簡の出土地点をみると、中央北地区の大型の東西棟建物ＳＢ１３２３０周辺の複数の溝、幅広い整地土中から出土した。西地区は大小の倉庫が建てられた付近で検出した二条の南北溝から出土した。西南地区では、南半部に北から流れる幅広い西大溝から大量の木簡および歌木簡が出土している(6)。

まず年紀を記す紀年木簡の主なものに、

①・駿河国駿河郡宇良郷戸主春日部小麻呂戸春
日部若麻呂
・調荒堅魚七連一節　　天平十三年十月

②・美濃国武義郡揖可郷庸米□斗
・　天平十五年十一月

③　隠伎国　都麻郷鴨マ久々多利
調腊一斗天平十五年

④・国遠敷郡玉置郷　私
御調塩　□（斗カ）
・　天平十五年九月廿九日

⑤　隠伎国　海部郡御宅郷□部
百代調海藻六斤天平十五年

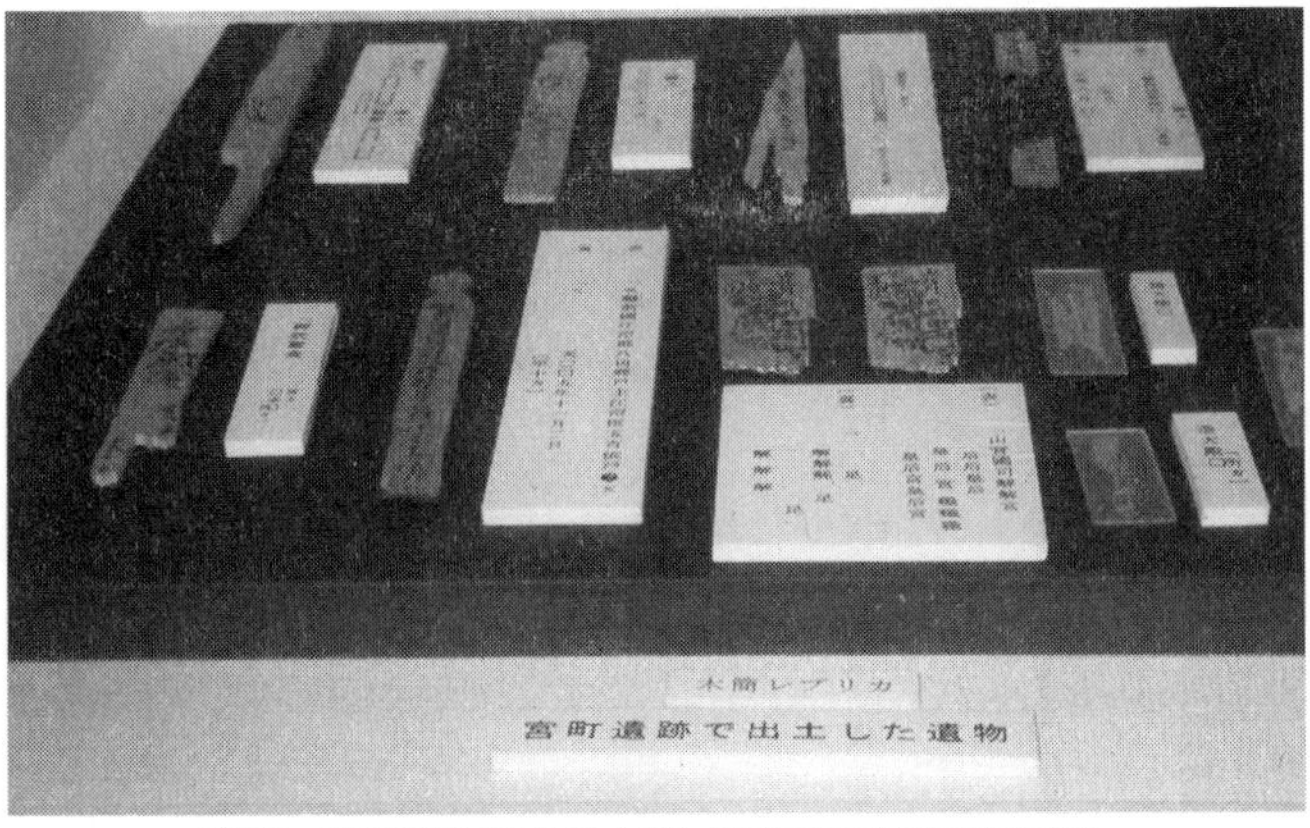

図73　宮町遺跡出土の木簡（甲賀市教育委員会提供）

⑥　隠伎国海部郡御宅郷
　　日下部□□□海藻六斤天平十五年

⑦・尾張国海郡津積郷□
　・天平十六年

⑧・遠江国長下郡伊筑郷
　・　天平十六年七月□

⑨　隠伎国役道郡　武良郷伊我マ都支波
　　調鰒六斤　天平十六年

⑩・讃岐国阿野郡□□郷戸主酒マ刀良戸□庸米一俵
　・　天平十六年

⑪　天平十□（七カ）年

などがある。これらの紀年木簡は、天平十三年（七四一）の年紀をもつ①をのぞくと、いずれも『続日本紀』に記す紫香楽宮と甲賀宮の時期に記されたものである。

天平十五年（七四三）十月十五日、紫香楽宮で盧舎那仏を造立する詔がだされ、同月十六日には、東海・東山・北陸の三道の二五国からの調庸を紫香楽宮に貢進させている。これでは、畿内および西国諸国の調庸物は対象になっていないので、それらは恭仁宮に貢納されたものとみてよい。

その翌年の十六年（七四四）二月二六日、難波宮に遷都する勅が読まれたにもかかわらず、聖武はその二日前に、なぜか紫香楽宮に行幸している。しかも四月には新たに甲賀宮の造営を開始しており、それにともなって、西国の調も甲賀宮に運ばれたものとみてよい。

さらに、天平十七年（七四五）の年紀をもつ木簡は、荷札ではない。同年の五月には、聖武は平城宮へ還都しているが、『正倉院文書』の民部省への大粮（たいろう）申請文書では、天平十七年一〇月段階でも、皇后宮職、民部省、木工寮（もくりょう）、造宮省からだされており、甲賀宮の施設がなお維持されていたことに関連するものと推測される。

王権に関連する木簡に、第四次発掘調査で、「奈加王」、「垂見□」と記された木簡が出土した。また、第十三次発掘調査の中央北地区から、

⑫　山背国司解解宮
　　后后皇后
　皇后宮職 職 職
　皇后宮皇后宮
　　　　　足足
　　　　　　　足
□ □解□司□
　解解解司□

と習書しながら「皇后宮職と」記したものがある。皇后宮職は、恭仁宮地域に移されていたが、天平十七年（七四五）十月の大粮申請解が三通あるので、皇后宮職も甲賀宮に移されていたことがわかる。さらに、

⑬「造大殿□」

と記した削屑がある。これも第十三次発掘調査で出土したもので、ここに「造大殿所（ぞうおおとのところ）」という造営部局があったことを示唆するもので、発掘の初期に宮町遺跡を紫香楽宮（甲賀宮）跡とみなすことに確信を強めさせた木簡である。この木簡の記載からすると、紫香楽宮（甲賀宮）の主要な殿舎造営には「所」が設けられたことを示すものであろう。

さらに諸官司を示す木簡に、削屑ながら官司の文字が部分的に残るものに、

⑭・中衛」
・「官　」

⑮・□文勅員□□
・『兵衛□□　』

⑯　　　廝四人　凡海麻呂　右人等令荷持且
牒　仕司務所　　　宇治マ廣瀬
　　　　　　　　勝稲麻呂
・　　　　　　四月□六日□□□□

令参□請依歴名検領

⑰・刑部□麻呂解　請月借

と記したものがある。これらの多量の削屑は官司に勤務する官人らによる木簡の再利用にともなったとすると、ここにはかなりの数の官人らが事務的な政務にかかわったものと推測される。

これまでの宮町遺跡の発掘調査で検出されている官衙に関連する建物は、なお少なく、また特定の官衙の所在も判明するには至っていない。しかし、『続日本紀』天平十六年(七四四)四月二三日条には、紫香楽宮を造営し始めたが、百官の官司がいまだ完成しないと、多くの官衙施設の建設がすすめられていることを記している。

さらに、「正倉院文書」の天平十七年(七四五)の月粮請求文書からは、甲賀宮に大半の官衙が移されていたことがわかるので、にわかに造営がすすめられ、しかも十七年正月には難波宮から甲賀宮に遷都しており、政務を担う多くの官司の建物を構築する造営を進めていたことがわかる。

また、仏教に関連する木簡として、少ないながら、

⑱　金光明寺

⑲　請大徳

⑳　蓮華

と記すものがある。これらのうち、⑱の「金光明寺（こんこうみょうじ）」は、『続日本紀』天平十六年（七四四）三月十四日条に、金光明寺の大般若経を紫香楽宮に運び、それを大安殿に安置し、僧二〇〇人を招いて一日中転読したことを記している。この金光明寺は、東大寺とみなされることが多い。しかし、大和国の金光明寺にかぎらないとし、『続日本紀』天平九年（七三七）三月三日条に、諸国に釈迦仏像一体と菩薩像二躯、大般若経一部を書写させたものに相当するとし、これを近江国の金光明寺とみなし、宮町遺跡の近くに想定する考えもある（栄原二〇〇〇）。しかし、天平九年段階では、近江の国衙の所在地から遠く、しかも交通路もまだ十分でない甲賀郡の大戸川流域の小盆地に、金光明寺を設けた可能性は高くないだろう。

⑲は具体的な人名を記していないが、紫香楽宮の周辺では、行基を中心に盧舎那仏の造

立がすすめられていたこととかかわる可能性が少なくないであろう。⑳も甲賀寺の造営をはじめとする仏教に関連するものである。

さらに、重要なものとして、歌木簡（うたもっかん）として一九九七年（平成九）の第二二次調査で、西南部を流れる西大溝から、「奈迩波ツ尓（なにわに）」の木簡が出土している。この木簡は、出土した当初の判読は、二〇〇三年（平成十五）に刊行された『宮町遺跡出土木簡概報二』に、

奈迩波ツ尓・・∩　∪夜古

と記して報告されている。この木簡は、

難波津（なにわづ）に　咲くやこの花　冬ごもり　いまは春べと　咲くやこの花

と記した歌木簡の一部であった。

ところが、二〇〇七年（平成十九）、栄原永遠男（さかえはらとわお）氏が「なにはつの歌」など、歌を記載した木簡の研究をすすめ、宮町遺跡から出土した既に報告したこの木簡を再び詳細に点検したところ、この木簡の裏面にも文字が書かれていることが判明した。そして、裏面に記さ

れた文字は「阿佐可夜（あさかや）」と読めることが知られたので、その後、奈良文化財研究所史料研究室に木簡を移し、赤外線撮影によって、さらに詳細に検討したところ、

・奈迩波ツ尓……□夜己能波□□由己□×

・阿佐可夜　……∩　　∪　流夜真×

と、釈文が判読できることが判明した。そして、難波津の歌の裏面に書かれた「あさかやまの歌」の木簡は、『万葉集』巻16―三八〇七として収録されている、

安積香山（あさかやま）　影さへ見ゆる　山の井の　浅き心を　我が思はなくに

（安積香山の影までも見える澄んだ山の井のように浅い心を私はもっていません）

の歌の一部であることが判明した。これら二つの歌は、一〇世紀初頭に編まれた勅撰和歌集の『古今和歌集』の「仮名序（かなじょ）」に記されている歌である。この歌を記した木簡は、共伴した他の木簡からみて、天平十六年（七四四）から十七年（七四五）に投棄されたものと推測されるものである。この歌木簡は、『万葉集』の研究にも寄与することになった。(7)

以上、宮町遺跡から出土した木簡は、七〇〇〇点にも及んでおり、その数は奈良県平城宮・京跡、藤原宮・京跡、京都府長岡京跡、奈良県飛鳥池（あすかいけ）遺跡、栃木県下野国府跡につぐものである。今後も発掘調査を継続することによって、さらに増加するであろう。

六、紫香楽宮と甲賀宮

『続日本紀』天平十六年（七四四）十一月十三日条は、甲賀寺に盧舎那仏の体骨柱を建てたと記し、これに聖武が臨み、自ら縄を引いたことを記している。この記事によって、紫香楽宮の周辺で盧舎那仏を造立する寺院を甲賀寺と呼ぶことがわかる。

また、その直後の同月十七日条は、それまで難波宮に滞在していた元正太上天皇が甲賀宮に到着したことを記している。しかも重視されるのは、この記事以降は、『続日本紀』には紫香楽宮の記載はなく、甲賀宮とのみ記している。

このような『続日本紀』に記す紫香楽宮から甲賀宮への宮号の変更を詳細に検討したものに、橋本義則（はしもとよしのり）氏の研究がある。

橋本氏によると、『続日本紀』に記す紫香楽宮と甲賀宮の二つの宮号のうち、紫香楽宮は、近江国甲賀郡紫香楽村に設けた離宮として開始した。一方の甲賀宮は、紫香楽宮とみえる最後の記事から三ヶ月余り経過した天平十六年（七四四）十一月十四日条に、「甲賀寺」が初見し、その翌日に、難波宮から元正太上天皇が甲賀宮へ行幸した記事として初めて記されている。以後、紫香楽宮が『続日本紀』から消えるのに代わって天平十七年（七四五）五月まで記されている。

　また一方の『正倉院文書』では、「紫香楽」の漢字三字による地名表記はみられず、「信楽」が使用されている。この「紫香楽」は生きた地名表記であったかどうか疑われるとする。そして、天平十六年に「信楽宮」の記載が三例みられるのみで、再び現れるのは、天平宝字六年（七六二）に至ってからであり、その時の「信楽」は一般的な地名として記されているとする。

　さらに、橋本氏は、『正倉院文書』には、「甲賀宮」の記載が多数あり、これには、「甲可宮」「甲加宮」とも記しており、甲賀郡にちなんだものとする。そして、甲賀宮の最も早い例は、「写疏料紙等納充注文」の天平十六年（七四四）四月十九日の記載にみる「甲加宮」で、最も降るのは「造石山寺所雑物用帳」の天平宝字六年（七六二）七月八日の記載である地名の「甲賀」である。

　また、「信楽宮」と「甲賀宮」が同一の宮を指すことは、「律論疏集伝等本収納幷返送帳」の天平十六年（七四四）八月一〇日の項に、同日「従信楽宮給出」した十一面神呪心経義疏一巻を「以十六年八月廿九日付高向太万呂進納甲加宮」したと追記していることによって知られるとする。しかし、十六年頃には「信楽宮」と「甲賀宮」がともに使用されているが、十七年には併用が終り、「信楽宮」はなくなり、「甲賀宮」のみになっている。そして、紫香楽宮から甲賀宮への宮号の変更は、盧舎那仏の鋳造と深くかかわっており、盧舎那仏を鋳造する寺が甲賀寺と命名されたのに対応し、紫香楽宮を甲賀宮と変更したとする。しかも、離宮として造営された紫香楽宮を、複都制下の主都たるべき規模に拡大したものと考えている(8)。

このような橋本氏の考えは、宮町遺跡での発掘が中央北半部を発掘していた平成六年(一九九四)の段階に記されたものであり、以下に記す二つの点からみて、なお検討すべき点が残るであろう。

一つは、紫香楽宮から甲賀宮への宮号の変更を、盧舎那仏を造立する甲賀寺と対応し、離宮の紫香楽宮を甲賀宮に変更し、主都として拡大したと理解している点である。はたして、発掘された宮町遺跡の建物遺構からみて、そのように理解しうるであろうか。

二つに、離宮の紫香楽宮から、甲賀宮の主都へ遷都した要因に関連する問題である。そして、このような橋本氏の考えを検討するには、紫香楽宮と甲賀宮を造営した経過をまず踏まえることが不可欠である。

紫香楽宮は、天平十四年（七四二）八月十一日に、聖武が造宮卿の智努（ちぬ）王らに、近江国甲賀郡の紫香楽村に造営を命じた離宮である。そして聖武は、八月二七日に初めて紫香楽宮に行幸している。

さらに、その後の天平十五年（七四三）七月二六日に紫香楽宮へ行幸すると、そのまま滞在し、聖武は十月十五日に、紫香楽宮の周辺に盧舎那仏を造立する詔を出している。そして、その直後に、行基とその集団も参画し、盧舎那仏の造立が開始している。

翌年の天平十六年（七四四）正月から、聖武は恭仁宮・京から難波への遷都を計画し、閏正月十一日、難波宮に行幸した。また、二月二〇日には、恭仁宮から高御座（たかみくら）も難波宮に運んでいる。

そして、二月二六日、左大臣の橘諸兄によって難波遷都の詔が読まれている。しかし、なぜかその二日前に聖武は、難波宮から紫香楽宮に行幸していたのである。

その後の『続日本紀』同年四月二三日条は、紫香楽宮の造営を始めたが、百官の官衙がいまだに完成していないと記している。しかし、この記事は、紫香楽宮の造営を始めたと記すこと、また百官の官衙が完成していないと述べており、不審である。離宮の紫香楽宮の造営は既に完成しており、また百官の官衙は必要としない性格のものである。

そこで、新たな宮都の造営を開始し、しかも百官の官衙の施設を造営したとするのは、甲賀宮と記すべきであったと思われる。

この新たな甲賀宮の造営は、同年の十一月十七日、元正太上天皇が難波宮から甲賀宮に訪れているので、その頃には太上天皇の御在所も完成していたものとみてよい。また、天平十七年（七四五）正月には、甲賀宮の御在所、大安殿、朝堂で饗宴を行っているので、前年の十二月末までには、これらの殿舎の構築も完成していたことになる。

甲賀宮は、天平十七年（七四五）正月一日、大楯と槍を宮門に樹て、難波宮から遷都したことを明示している。

そして、『続日本紀』には、天平十七年の甲賀宮の造営に関連する記事はまったくないが、『正倉院文書』には、諸官司からだされた多くの大粮申請文書によって、なお造営が進められたことをうかがうことができる。

この諸官司による大粮の申請に対する井上薫氏の研究によると、Ａグループとして、甲賀宮遷都ののち、恭仁宮にいる仕丁らの月粮を請求している官司に、玄蕃寮・民部省・大膳職・木工寮・大炊寮・主殿寮・内膳司・内掃部司・大蔵省・内蔵寮・掃部司・兵部省・左兵衛府・右衛士府・造宮省があり、官人の一部が恭仁宮になお留まり、かれらに率いられた仕丁らの月粮を請求しているものがある。

またＢグループは、甲賀宮へ遷都ののち、甲賀宮と難波宮の仕丁の月粮を請求している官司に、式部省・民部省・大炊寮・内掃部司があり、これらは官人の一部が難波に留まっていたので、その配下の仕丁の月粮を請求したものである。さらにCグループは、甲賀宮だけの仕丁の月粮を請求している官司で、雅楽寮・刑部省・主計寮・喪儀司（そうぎし）・中宮職・宮内省・園池司、典薬寮（てんやくりょう）・造酒司（みきのつかさ）、筥陶司（はこすえのつかさ）・内染司・左大舎人寮・正親司（おおきみのつかさ）・官奴司・左京職・春宮坊・左馬寮・右馬寮・右兵衛府・主税寮・兵庫があり、難波宮から甲賀宮に移ったと考えてよいとしている。

そして、これらのAグループとBグループの官司は、その一部が恭仁宮と難波宮に留まったものを除いて、甲賀宮に移ったのであるから、甲賀宮に移った官司は、A・B・Cグループの官司を合計し、その中で重複するものを除いたものということになる。これを井上氏が表示したのが表1である。

この表によると、十五の官司が恭仁宮に留まっており、これは同一の期間に難波宮に一部が留まっていたBグループの四よりも多いことがわかる。これは、難波遷都を宣言しながらも、どれだけ実務的なことが難波宮で行われたのかを、よく反映するものとしている。

さらに、井上氏は、難波宮から甲賀宮に遷都した後でも、かなりの官司が恭仁宮に留まっていたが、甲賀宮に移った諸官司は、令制八省からみると、七省が移っていた。また、その被官司は、全体として職（しき）二、寮十六、司三〇あるが、職は二で全てが移り、寮は一〇、

	省	職	寮	司	計	その他	合計
恭仁宮にも残った官司(a)	3	1	5	3	12	3(イ)	15
難波宮にも残った官司(b)	2	0	1	1	4	0	4
紫香楽宮に移った官司	7	2	10	10	29	6(ロ)	35

註　(イ)左兵衛府・右衛士府・造宮省
　　(ロ)春宮坊・左馬寮・右馬寮・右兵衛府・□兵庫・造宮省

表1　甲賀宮遷都期間の官司（井上薫『日本古代の政治と宗教』）

司は一〇、左京職などその他の官司も六あり、全体として三五官司が移っており、これらの数からみると、甲賀宮では、実質的な政務が行われていたとみなしている。(9)

さて、前述したように、橋本氏は、甲賀宮は離宮として造営した紫香楽宮を複都制下の主都たるべく規模に拡大し、宮号を変更したものと理解している。

一方、宮町遺跡の発掘では、甲賀宮の朝堂跡、大安殿跡、さらに御在所跡に想定される殿舎も検出され、また天平十六年（七四四）の紀年木簡および七〇〇〇点に及ぶ木簡も出土しており、ここに甲賀宮が所在したことは疑いないことである。

しかし、宮町遺跡で検出されている建物遺構は、橋本氏が記すような紫香楽宮の殿舎を改修、あるいは大規模に拡大したと認めうる建物遺構は、ほとんど見つかっていないといってよい。現状の宮町遺跡の発掘は、なお限られているとはいえ、紫香楽宮の中心部を構成する殿舎遺構、あるいは離宮の紫香楽宮を構成した建物と確認しうる遺構はほとんど検出されていない。

二つに、宮町遺跡の立地は北と西に丘陵が広がり、南は独立した小丘陵があり、視界が開かれていない。東は開かれているが、幅が狭く、谷状をなして東へ延びており、全体として小盆地をなし、しかも東から西へ緩く下がる低地状をなしている。

また、これまでの発掘で、甲賀宮が造営される以前の地形は、中央北端部周辺から西南に構築された西朝堂の西側にかけて、幅三〇メートルほどの狭い谷状の地形が長く延びている。そして、甲賀宮の造営時には、この谷状地形を埋立て整地し、建物などを構築している（図74・75）。

この宮町遺跡の旧地形からすると、天平十四年（七四二）八月、このような低地状の地に、紫香楽宮の離宮の殿舎を構築したとみなすのは困難でなかろうか。

紫香楽宮の敷地は、離宮という性格を重視すると、宮町遺跡に造営された甲賀宮のように、一辺が五〇〇メートルを超える広がりを必要としなかっただろうし、また低平地よりも周辺のより眺望に優れた高燥な丘陵地・台地上こそが不可欠な条件であったと推測する。

このように、宮町遺跡で検出されている宮殿遺構の建物群は、いずれも甲賀宮の建物であり、紫香楽宮の建物を改修、もしくは規模を拡大したものとはみなせないものである。

このことは、紫香楽宮の離宮は、宮町遺跡以外の丘陵地・台地上に造営されたものと推測されることになるであろう。

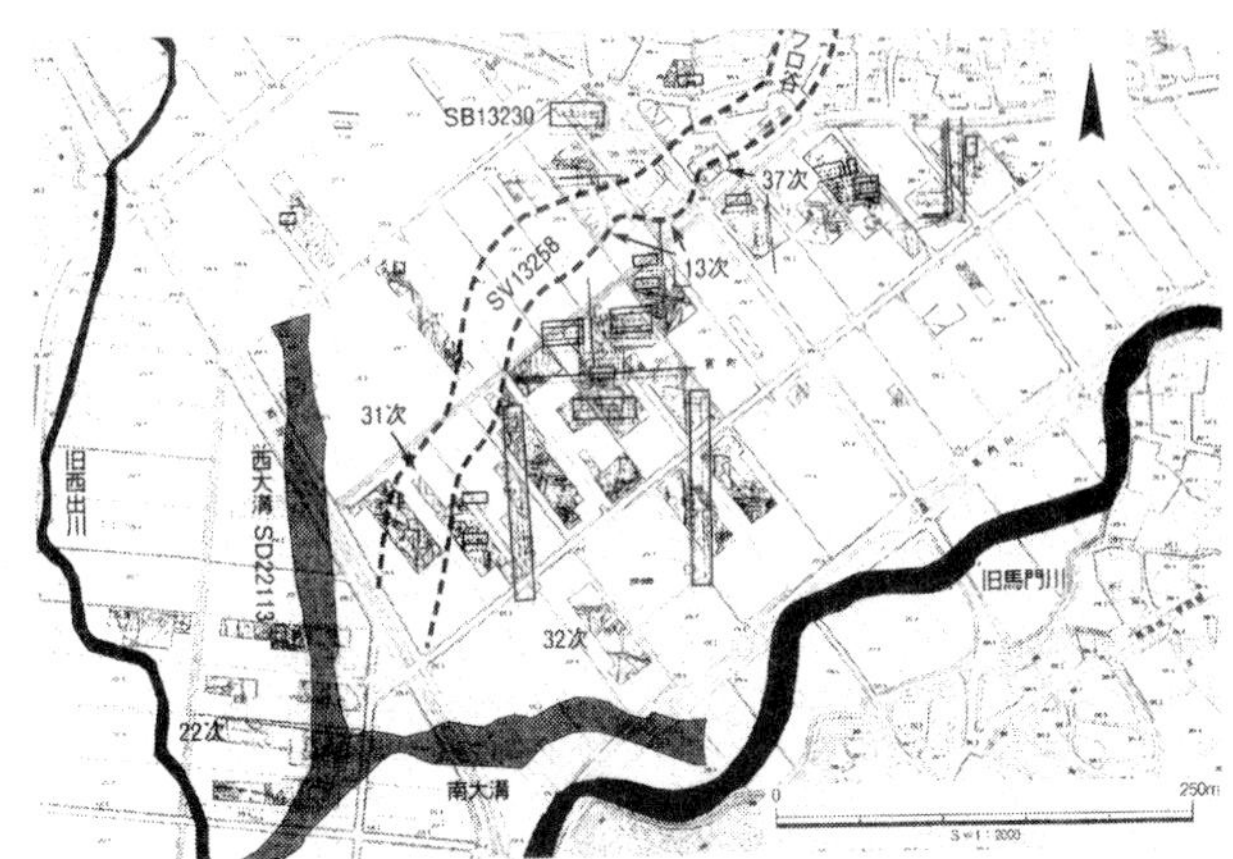

図74　宮町遺跡の旧地形と検出遺構（甲賀市教育委員会提供）

図75　甲賀宮の整地に投棄された木材

では、どのような要因から、聖武は紫香楽宮の他に、大規模な甲賀宮を造営したのだろうか。

七、甲賀宮の造営とその要因

紫香楽宮は、聖武が盧舎那仏の造立とかかわって造営した離宮である。この盧舎那仏造立の詔は、天平十五年（七四三）十月十五日に紫香楽宮で出され、その直後に行基とその集団が参画して進められたものである。

聖武は、天平十六年（七四四）二月二六日に恭仁宮・京から難波遷都を行った。しかし、聖武はその二日前に紫香楽宮に行幸していた。この聖武による紫香楽宮への行幸には謎が多く明らかでない。

しかし、聖武は紫香楽宮に行幸した後、四月には新たに百官の官司の施設をもつ宮都の造営を開始している。また、十一月十三日、盧舎那仏の体骨柱が建てられている。そして、十一月十七日、元正太上天皇が難波宮から新たに造営する甲賀宮に訪れている。これらのことからすると、聖武は高齢だった行基らが進めていた盧舎那仏の造立を促進するために難波宮から紫香楽宮へ行幸し、しかもそのままとどまって甲賀寺の付近で政務を担うために、新たに甲賀宮を造営したものと推測されるのである。

十七年（七四五）正月一日、聖武は造営が進展した甲賀宮に遷都し、その御在所で五位以上の官人らと饗宴を催し、七日には大安殿で五位以上の官人らと、また朝堂で主典以上の官人らと饗宴を行っている。そして、一月二十一日、盧舎那仏の造営を進める行基を大僧正としている。

ところで、聖武による天平十二年（七四〇）十月末に始まる東国への行幸、ついで恭仁宮・京の造営、難波宮・京への遷都、近江の甲賀宮への遷都、さらに平城宮・京への還幸は、これまで聖武による五年間の彷徨とも呼ばれている。

その出立日の天平十二年（七四〇）一〇月二九日は、先立つ九月三日に大宰府管内で藤原広嗣が起こした乱が、まだ完全に終っていなかったので、この乱との関連が重視されてきている。しかし、そのような通説的な見方と異なる注目すべき考えに、瀧川政次郎氏の見解がある。

瀧川氏は、恭仁京では泉川（木津川）が京の中央部を東から西へ貫流し、恭仁宮が京の東北端に配されている点を重視し、この都城は唐洛陽城をモデルとして造営されていること、また唐は開元十一年（七二三）以来、長安城、洛陽城と太原府による三都制であったことから、聖武も唐洛陽城をモデルとした恭仁宮・京を造営し、日本も三都制を計画したものとみなしている[10]。

この瀧川氏の考えを少し検討し、また補足すると、聖武は、神亀三年（七二六）、難波宮・京の造営に着手し、難波宮がほぼできると、天平五年（七三三）四月、多治比広成（たじひのひろなり）を遣唐大使とする遣唐使を派遣した。そして、天平七年（七三五）三月一〇日、唐から帰朝した広成は聖武に節刀を返上している。その後の聖武の動向からすると、そのとき広成は、開元十一年（七二三）以来、唐は太原府を加えて三都制であったこと、長安城に着いた開元二一年（七三三・天平五）は長雨で不作だったので、翌年（七三四）正月七日、玄宗皇帝は長安城から食糧の豊かな洛陽城へ行幸したこと。そこで広成らも洛陽城を訪れて国書をわたしたこと、唐洛陽城は黄河の支流の洛水（洛河）が城内の中央部を西から東へ貫流し、大運河によって江南などから多くの船が食糧や諸物資を漕運し、じつに経済的に発展した都城であったことを伝えたものと推測される。

その一年後の天平八年（七三六）三月一日、聖武は山背の甕原（みかのはら）離宮に行幸している。この甕原離宮は泉川（いずみがわ）河畔にあったと推測され、ここで聖武は唐洛陽城をモデルとする新たな都城の造営を構想した可能性がきわめて高い。

しかし、聖武が唐洛陽城を模した恭仁宮・京の造営に着手するには困難な状況があったものと思われる。それは、それまで造営を進めていた難波京の宅地班給を天平六年

（七三四）九月に実施しており、まだ年月が経過していなかったことであった(11)。

そこで、聖武は三ヶ月後の六月二七日、吉野宮の離宮へ行幸し、恭仁宮・京を造営する方策を具体的に構想した可能性が高いものと推測される。しかも、聖武は恭仁宮・京の造営への着手を、天武天皇が壬申の乱を起こした壬午の日にあやかり、天平九年（七三九）末に近い壬午の日に設定した可能性が高い(12)。

しかし、前年の天平七年（七三五）に大宰府管内で天然痘の感染症が拡大していた。そして、九年には平城京・畿内でも天然痘の感染症が拡大し、多くの官人らが感染死した。しかも藤原房前・麻呂・武智麻呂・宇合と相次いで藤原四子が感染死し、この天然痘による感染症の拡大を長屋王の怨霊とみなす風評が広まった。

このような風評に対し、聖武も無視し難い状況になった可能性が高く、『続日本紀』天平九年（七三五）一〇月二〇日条は、聖武が平城宮の南苑に出御し、従五位下の安宿王に従四位下、無位の黄文王、従五位下の円方女王・紀女王・忍海部女王に、それぞれ従四位下を授けている。この叙位に対し、寺崎保広氏は、五人のうち安宿王と黄文王は、長屋王と藤原長娥子との間の子、円方女王以下の子も長屋王の子供で、黄文王が初めて叙位された以外は、いずれも四階も位階を進め、忍海部女王は、同年の二月に、安宿王は前月に従五位下になったばかりであった。長屋王の子女に限ったこれらの異例の叙位は、政治的な面からは説明しにくいとし、平城京の多くの人たちが天然痘による感染症の拡大を長屋王の祟と考えており、その怨霊を鎮めるための叙位であったと推測している[13]。

この天然痘の感染拡大で藤原四子が倒れ、その後の政界は、橘諸兄が唐から帰朝した下道真備と僧玄昉を相談役として主導することになった。

そして、聖武は天平十二年(七三八)一〇月二九日(壬午)、東国へ出立したのち、天武天皇(大海人皇子)が壬申の乱のときにたどったコースをとって美濃国へ入り、さらに近江から山背の恭仁郷に入り、恭仁宮・京の造営を命じて遷都している。

しかも、聖武は恭仁宮・京の造営に着手した直後に、天然痘の疫病感染という長屋王の怨霊の再現に対処するため、唐の則天武后が州ごとに建てた大雲寺の建立をモデルとして諸国に国分寺・尼寺を造営、また唐洛陽城の南にある竜門に高宗・武后が寄進した奉先寺の盧舎那仏をモデルに、金銅製の盧舎那仏の造立を新たに加え、恭仁宮・京の造営をより複雑化している。

紫香楽宮の造営は、近江甲賀郡で着手した盧舎那仏の造立と深くかかわるものだった。聖武は、なぜか盧舎那仏の造立を、恭仁宮・京から行程一日隔てた近江甲賀郡の地で行うことにした。しかも、この盧舎那仏造立の進行状況を視察するには、紫香楽宮の離宮は不可欠なものであった。

聖武による盧舎那仏の造立には、行基(ぎょうき)とその集団が参画している。国家的な盧舎那仏の鋳造事業に、なぜか民間僧の行基とその集団が関与して進めている。ここにも解明すべき課題が少なくない。

行基は、『行基年譜』の「年代記」によると、天平十二年(七四〇)に、行基らが泉川河畔に泉橋寺(せんきょうじ)を建てたことを記している。また、『行基年譜』は『行基菩薩伝』を引いて、天平十三年(七四一)三月十七日、聖武が泉橋寺を訪れたことを記している。このとき、行基はインドに給孤独園(ぎっこどくおん)があるが、日本にないので、為奈野(いなの)(兵庫県伊丹市)に設けようとしていること、また、それまで多くの寺院を建立した経緯を聖武に説明した。それに対し、聖武はそれらの寺院に対し、被官司が没収するということがないようにすることを述べたという。また同年の六月二六日、聖武と橘諸兄と行基は、泉川で玉船に乗り、周遊したことも記している。

この『行基年譜』に対し、井上光貞(いのうえみつさだ)氏は、ここに収録する「天平十三年記」を詳細に検証し、「天平十三年記」に記す所在地の記載が「伽藍縁起并流記(るき)資財帳」と共通すること、郡里、郡郷の記載などからみて、これらは行基らが提出した公的記録、もしくは官司が公的に記録したものとみなしうるものとした。しかし、この「年代記」に記す天平十三年三月十七日、六月十六日に聖武が泉橋寺を訪れたことなどは、伝説とみなしている[14]。

　また、聖武による盧舎那仏の造立に行基がかかわったことに対し、石母田正氏は、聖武による盧舎那仏造立の詔は、知識衆の事業として大仏造立が提起されている。このように聖武が、天皇の資格で庶衆とともに知識衆となることは、知識の原理からみて自家撞着であり、一個のフィクションであるとした。

　また、問題は、このようなフィクションがいかにして可能となり、どのような形態をとったかであるとした。これが詔の形で出されており、いかに身分と階級の差があっても、仏という超越者の前には知識衆は相互に対等でなければならない。また勧誘する者とされる者との間には、形式上は権力関係が存在しないのが原則だったはずである、とした。そして、願主の天皇による知識結という形式は、国家権力に支えられた巨大なフィクションにすぎないとした。そして、石母田氏は、行基が願主の呼びかけにただちに呼応し、頭主の地位を買ってでたとき、天皇と衆庶と自己をふくむ共同集団の知識結という共同性の幻想的形態にとらわれていたのではないかとしている(15)。

　聖武が泉橋寺を訪れたことを明らかにする史料は他にないので、はたして事実か伝説かは明らかでない。しかし、盧舎那仏造立の詔が出される以前に、この盧舎那仏造立に対する聖武による要請と、行基側の合意なしに、行基とその集団が盧舎那仏造立の詔が出された直後に参画することはありえない。これには、聖武もしくは諸兄が、行基側と何らかの接点をもったことは疑いないことである。

さらに『行基年譜』の「年代記」に記す内容は、行基側が作成した史料である。ここには、行基側が聖武による盧舎那仏造立に対し、参画した契機もしくは要因が記されているものと推測する。『行基年譜』によると、聖武が泉橋寺を訪れたという天平十三年（七四一）三月、行基は七四歳であった。この行基の年齢からすると、行基と行基集団は、行基が没した後に、それまで建立した道場や院々が政府によって接収されるという危惧を抱いていたことは間違いないであろう。

しかし、聖武は行基と会見した際に、道場を接収しないようにする旨を述べたとする。この『行基年譜』に記す通りでないとしても、聖武もしくは諸兄によって、これに類することがあり、行基らが抱く危惧が解消したこと、また聖武による盧舎那仏の造立に対し、行基らも仏教徒として協力しえないことでないこと、さらに、この協力によって、政府がこれまで加えてきた行基集団に対する弾圧が解消、もしくは激減することを期待したのではないか。

しかし、天平十七年（七四五）四月二七日に大地震が起こり、その余震が続くなか、聖武は五月五日に甲賀宮から恭仁宮へ還幸し、さらに十一日には、恭仁宮から平城宮へ還幸している。

聖武が甲賀宮から平城宮・京へ還都したことによって、甲賀宮はそのまま廃都になったのである。また、甲賀宮の付近で進められていた盧舎那仏の造立もおのずと中止になった。このように、大地震の後、聖武が甲賀宮から平城宮・京へ還都した要因は、甲賀宮へ遷都した直後、その近くで山火事が頻発するようになったことなどをふくめ、複合的な要因によるものであったであろう。

しかし、その最も主要な要因は、聖武が平城宮・京へ還都した後の八月二三日、後の東大寺の地で、聖武は再び盧舎那仏の造立を開始したことからすると、『続日本紀』は記していないが、大地震によって甲賀寺の盧舎那仏が著しく損傷したのではないだろうか。そのため、そこで続けるのを止めることにし、甲賀宮から還都したものと私考する。

註

（1）肥後和男「紫香楽宮阯の研究」『滋賀県史蹟調査報告』第四冊　一九三一年
（2）足利建亮「紫香楽宮について」『山間支谷の人文地理』地人書房　一九七〇年
（3）寺崎保広「平城宮大極殿の検討」『古代日本の都城と木簡』吉川弘文館　二〇〇六年
（4）橋本義則「恭仁宮の二つの『内裏』―太政天皇宮再論―」『山口大学文学会志』第五一巻　二〇〇一年）
（5）小笠原好彦『聖武天皇と紫香楽宮の時代』新日本出版社　二〇〇二年
（6）栄原永遠男・鈴木良章「紫香楽宮関連遺跡の調査―宮町遺跡の発掘調査を中心に」『条里制・古代都市研究』通巻一六号　二〇〇〇年
（7）栄原永遠男『万葉歌木簡を追う』和泉書院　二〇一一年
（8）橋本義則「紫香楽宮の宮号について」『紫香楽宮関連遺跡発掘調査報告』信楽町教育委員会　一九九四年
（9）井上薫『日本古代の政治と宗教』吉川弘文館　一九六一年
（10）瀧川政次郎「恭仁京と河神拝」『京制並びに都城制の研究』角川書店　一九六七年
（11）小笠原好彦「聖武天皇による恭仁宮・京の造営と唐洛陽城」『条里制・古代都市研究』第三五号　二〇二〇年
（12）瀧浪貞子「聖武天皇『彷徨五年』の軌跡」『日本古代宮廷社会の研究』思文閣　一九九一年
（13）寺崎保広『長屋王』吉川弘文館（人物叢書）一九九九年
（14）井上光貞「行基年譜、特に天平十三年記の研究」『律令国家と貴族社会』吉川弘文館　一九六九年
（15）石母田正「国家と行基と人民」『日本古代国家論』第一部　岩波書店　一九七三年

第三章　保良宮の造営とその擬定地

はじめに

古代の近江は、広大な琵琶湖の周囲に広がる地域であった。ここには七世紀の後半、朝鮮半島での白村江での敗戦にともない、天智六年（六六七）、天智天皇によって飛鳥から大津宮に遷都されたことがある。しかし、大津宮は壬申の乱によって、廃墟となった。

その後の八世紀の前半、聖武天皇は天平十二年（七四〇）一〇月末に平城京から東国へ出立すると、伊賀、伊勢、美濃から近江を経由し、十二月十五日には山背国の南端部にある恭仁郷に留まり、ここに恭仁宮・恭仁京を造営した。しかも天平十四年（七四二）八月、恭仁京から遠く隔てた近江の甲賀郡に紫香楽宮を造営した。さらに天平十五年（七四三）一〇月には、その付近で盧舎那仏の造立を行い、天平十七年（七四五）正月には前章で述べたように甲賀宮に遷都した。

このように、近江には七世紀、八世紀にそれぞれ国家的な宮都が造営されたことが知られている。しかも八世紀には、紫香楽宮、甲賀宮が造営されたのみではなく、天平宝字年間には、瀬田川河畔に保良宮と保良京が造営されたこともよく知られることである。

このような近江に造営された宮都のうち、奈良時代後半に造営された保良宮・保良京に対する研究は、初期には肥後和男氏、柴田實氏、大井重二郎氏らによって進められ、戦後も瀧川政次郎氏をはじめとする多くの研究者によって研究が進められてきている。しかし保良宮の所在地に対しては、大津市国分の「洞ノ前」の地名や礎石「ヘソ石」の所在地付近に擬定する考えと、大津市北大路にある石山国分遺跡に所在地を求める考えとが出されてきているが、なお決定をみない状態にある（図76）。

しかも、有力説とみなされている石山国分遺跡も、これまでの発掘調査では、建物遺構が検出されているが、保良宮の淳仁天皇・孝謙上皇の御在所に関連する殿舎は未検出の状態にある。それだけに、現状は、保良宮の規模、構造を考える拠りどころはきわめて乏しい状況にある。

しかし、昭和六三年（一九八八）には、瀬田川の河床から古代の勢多橋の橋脚遺構が検出され、この調査成果をもとに瀬田川西岸に設けられた古代の官道が復元されている（小松

❶へそ石の所在地　❷石山国分遺跡
❸住友活機園　❹石山寺

図76　保良宮関連遺跡図

二〇一〇）。また国分二丁目にある礎石「へそ石」に対しても、新見解が提示されており（小松二〇一二）、保良宮・保良京を研究する新たな段階に至っているといってよいだろう。

小稿は、これまでの保良宮・保良京に対する研究をたどるとともに、保良宮の淳仁天皇・孝謙上皇の御在所に対し、あえて新たな擬定地を提示し、その想定される構造の復元をも試みることにしたい。

一、文献史料にみる保良宮・京

近江に保良宮・保良京が造営された経過を概述すると、まず『続日本紀』天平宝字三年（七五九）十一月戊寅（十六日）条に、造宮輔従五位下の中臣丸連張弓、越前員外介・従五位下の長野連君足、他に六位以下の五人の官人らを派遣し、近江に保良宮を造営させたことを記す。ついで、『続日本紀』天平宝字五年（七六一）正月丁未（二十一日）条に、司門衛（衛門府）督正五位上の粟田朝臣奈勢麻呂、礼部（治部）少輔従五位下の藤原朝臣田麻呂と六位以下の官人七人らに、保良宮の周辺に造られた保良京で、諸々の官司の史生以上の官人らに宅地班給を行わせたことを述べている。

これらの『続日本紀』の二つの記事によると、保良宮の造営は天平宝字三年（七五九）

十一月に開始したが、これと一体のものとして、あるいは少し遅れて保良京の造営も保良宮の周辺で進められたことがわかる。さらに、これと関連することに『続日本紀』天平宝字五年（七六一）一〇月壬戌（十一日）条には、太師（藤原仲麻呂）に稲一〇〇万束、三品船親王・池田親王に稲一〇万束、正三位の石川朝臣年足、文室真人浄三に四万束、二品井上内親王に一〇万束、四品飛鳥田内親王、正三位県犬養夫人・粟田王・陽侯王が各四万束を賜っており、新たな都城である保良京で邸宅を造営する経費が与えられている。

そして、『続日本紀』天平宝字五年（七六一）一〇月甲子（十三日）条は、淳仁天皇・孝謙上皇による保良宮への行幸が記されている。平城宮・京から新たに造営された大津の保良宮とは、四〇キロほど隔てているので、この記事は平城宮・京からの出立日を記すもので、保良宮に到着した日は明らかでない。

この保良宮への到着日は、続く一〇月庚午（十九日）条に、近江按察使であった藤原御楯の邸宅に天皇・上皇が行幸し、続いて太師（藤原仲麻呂）邸にも行幸し、これらの邸での饗宴で歓を極め、これらの饗宴に付き従った官人らに物を賜っているので、その前日の十八日には到着していたものとみてよい。

ついで、『続日本紀』天平宝字五年（七六一）一〇月己卯（二八日）条は、平城宮を改作するために暫くの期間、保良宮に滞在すること、このために近江の国司の史生以上の者で、天皇の近江保良宮への行幸に奉仕した者と造宮使の藤原田麻呂の位階を昇進させ、郡司らに物を賜ったこと、また近江国の民衆や左右京・大和・和泉・山背などの今年の田租を免ずることを述べる。

また、一〇月二八日の夜明け以前の近江国内の各種の犯罪人で、死罪以下のものは、ことごとく赦免することと、さらに正四位上の藤原朝臣御楯に従三位、従五位下の藤原朝臣田麻呂・巨曽倍朝臣難波麻呂・中臣丸連張弓に従五位下、正六位上の椋垣忌寸吉麻呂・葛井連根主に外従五位下を授けることを記している。

さらに、この日淳仁天皇は、思うところがあるので北京（保良宮・京）の宮都を造営し、ここに暫く滞在する。そこで保良宮・保良京の宮都に近い二郡である滋賀郡と栗太郡に対し、永く畿県として扱い、庸は停止して調のみとし、その数量は京に準じるという勅をだしている。

以上のような記事のうち、二八日条の藤原御楯を従三位に叙したのは、彼が近江の按察使として対応したこと、従五位下の藤原朝臣田麻呂・巨曽倍朝臣難波麻呂・中臣丸連張弓に従五位上、正六位上の椋垣忌寸吉麻呂・葛井連根主を外従五位下に叙したのは、造宮省の官人として保良宮・保良京の造営事業を推進したことによるものであった。

一方、近江国が恩赦に浴したのは、保良宮・保良京の造営にかかわったこと、近江の二郡の百姓が田租を免ぜられ、左右京・大和・和泉・山背の今年の租を免じたのは、これらの地域から保良宮・保良京を造営する徭丁（ようてい）が徴発されたのに対する措置であろう。新たに近江に造営された保良宮・保良京は、北京と呼ばれ、保良宮・保良京が所在する郡と近い郡の二郡は畿県として扱われることになった。

これらの記載からみると、保良宮・保良京は平城京からみて、北京に呼ぶに相応しい宮都として造営されたものとみなされる。また、後の神護景雲三年（七六九）一〇月、称徳天皇が河内国に由義宮（ゆげのみや）を造営した際には、由義宮を西京とし、河内国を河内職（しき）としているので、近江国にも北京職もしくは保良職の官司が設置され、これらの京域を管轄したものと推測される(1)。

天平宝字五年（七六一）一〇月己卯（二八日）条によると、保良宮の造営は、平城宮改作によるものと記すが、保良京をともなうものであった。この保良宮は、『正倉院文書』天平宝字五年（七六一）十二月二三日付の坤宮官（ごんぐうかん）に、甲斐国巨麻（こま）郡から派遣された廝丁（しちょう）が逃亡したので替人を上申した「甲斐国司解」では、「保良宮離宮」と記されている(2)。しかし、『続日本紀』天平宝字五年（七六二）正月丁未（二十一日）条は、保良京の造営と諸官司の官人らに対する宅地班給が記されているので、保良宮は離宮ではなく、複都制における陪都として造営されたものとみなされるものであった。

さて、造営された保良宮は、『続日本紀』天平六年（七六二）正月庚申（一日）条には、「朝を廃む。宮室未だ成らぬを以てなり」と記す。これは、官人らに対し朝賀の儀式を行う保良宮の朝堂もしくはそれに相当する施設は未完成であったとみなされる。さらに、同年三月壬午（三日）条には、新たに保良宮の西南に池亭を造作し、ここで曲水の宴が行われている。また、同月庚辰（二五日）条には、保良宮に構築する諸殿舎、付属建物、宮垣の造作を諸国に分担させ、一時に集中して造営工事を進展させている。

この三月二五日条は、どのように保良宮の造営工事を分担させたのかは知りえないが、その後は保良宮の殿舎、それらを囲繞する塀などの工事が著しく進展したものと推測される。

ところで、淳仁天皇・孝謙上皇が保良宮に滞在した天平宝字五年（七六一）一〇月以降、保良宮の近くにあった石山寺でにわかに大規模な増改築工事が開始した。この石山寺の大増改築工事は、造東大寺司が担当し、石山寺に造石山寺所（造石山院所）を設けて進められた。この大増改築工事以前の石山寺は、檜皮葺仏堂一棟、板葺板倉一棟、若干の板屋が建てられていたにすぎない小寺院であった。

石山寺の造営工事は、『正倉院文書』によると、天平宝字五年十一月十七日に本尊の丈六観世音菩薩の彫塑が始められ、十二月二三日には造東大寺司から木工長上一人、木工・

仕丁各三人に、食料・食器などを添えて石山寺に派遣し、造営を開始した。

その大増改築事業の内容は、天平宝字六年（七六二）八月二七日付の「造石山院所労劇帳」によると、

檜皮葺殿六宇―仏堂一宇・経蔵一宇・僧房四宇
板葺殿三宇―経奉写堂一宇・法堂一宇・食堂一宇
遷竪殿八宇―板屋五宇・板葺倉三宇
作借板屋三宇
修理板屋六宇

と記されており、(3) 仏堂（金堂）・法堂・経蔵・僧房・食堂・板倉など二六棟の建物が天平宝字五年（七六一）十二月から六年七月までに、新築や改築して構築された。この大増改築工事を行う造石山寺所の別当は、造東大寺司主典の安都雄足が担当した。しかも、この造営に際しては、造東大寺司とかかわりをもつ良弁が石山寺を訪れ、工事の些事を指揮して進めている。

この石山寺の大増改築工事は、天平宝字五年十二月下旬、近江甲賀郡に甲賀山作所を設

けて建築材の伐木を開始し、三雲まで運んだ。しかし、翌年の天平宝字六年（七六二）一月に、新たに瀬田川に近い田上山に山作所を設け、この田上山山作所を中心に構築に必要とする建築材の柱・桁・垂木・木負・隅木・長押・木舞・榑・破風・歩板・波多板・扉・榍などが作材された。そして、それらは、山作所に近い天神川から桴によって大戸川、瀬田川を経由して石山寺へ漕運されている。

しかも、使用された建築資材は、田上山作所のみでなく、田上大石山の山作所で檜榑と檜皮を採取し、石山寺の近くの立石山・小石山の山作所で黒木の柱・桁・木舞・叉首などを作材した。さらに、高島山作所で椙榑を大量に購入して石山寺に漕運した他に、信楽で板屋二棟を購入し、解体して桴によって漕運されている（福山一九四三）。

一方、石山寺では写経事業も行われ、天平宝字六年（七六二）一月十六日には、石山寺奉写大般若経所の名を以て「波和良紙一万二千八百張、凡紙八百三十八張、帙六十枚、綺百二丈、軸六百枚」が請求された[4]。その後、二月の早々には写経を始めるため、経師八人を参向させ、経堂並びに経師房、盛殿、経師の温室が整えられ、二月から写経を開始した。そして八月には建物の造営工事が終わり、九月九日には本経の大般若経のうち、十四帙を写し終わって返上した。また同月十四日の写経所の消息には大般若経二八〇巻を書写し終わり、十二月五日には書写し終わった大般若経六百巻と理趣分一巻を奈良に送り、同月八日に大般若経の本経一辛櫃、経机一前、布浄衣三領、筥形一基などを発送している。

以上のように、保良宮・保良京の造営は、『続日本紀』、『正倉院文書』などによって、平城宮・京から遷都した経過と保良宮の造営にともなって、石山寺の大増改築工事、さらに石山寺の写経所で、大規模に写経事業が行われたことを知ることができる。

しかし、天平宝字六年（七六二）五月二三日、孝謙上皇と淳仁天皇とが不和となった。このため二人は保良宮を離れ、平城京に還幸し、淳仁天皇は中宮院に、孝謙上皇は法華寺に入ったのである。

二、これまでの研究と保良宮・保良京の擬定地

保良宮・保良京に対するこれまでの研究を少し振り返ると、昭和三年（一九二八）に出された『滋賀県史』第一巻は、保良宮の位置は判然としないが、滋賀郡石山村国分付近に充てる説があることを述べる。そして、「大和西大寺文書」に滋賀郡保良庄とみえることと、国分付近を洞ノ庄と称したことなどから、その地とみなすべきとしている（滋賀県一九二八）。

ついで、肥後和男氏「近江国分寺阯」（一九三三年）は、国分の洞ノ前に礎石「へそ石」

と洞(保良)神社があり、保良宮跡とする考えがあるが、寺塔が営める土地ではないとした。そして、へそ石の礎石は近くの石材産地で造られたものではないかと想定する。また近江の定額寺である国昌寺は、石山村国分にあったと考え、その沿革は明らかでないが、保良宮の後を国昌寺としたと推測できないかとした(肥後一九三二)。

また、福山敏男氏は、「奈良朝に於ける石山寺の造営」(一九三三年)で、保良宮は、現在の滋賀郡石山村国分に位置したと想定する。そして石山寺の大増改築工事は保良宮と密接な因果関係が認められるので、石山寺に近いところにあったと想定した(福山一九三三)。

さらに柴田實氏は、「近江国分寺」(一九三八年)で、国昌寺の創建と沿革は何ら伝えるところがないとし、肥後和男氏が国昌寺を保良宮を改築したものと推測したが、確たる証拠があってのことでないとした(柴田一九三八)。

昭和十七年(一九四二)に刊行された『大津市』上巻は、保良宮の所在地は確定していないとし、わずかに洞ノ前という字名で推定されているとする。また国分集落の南方で保良宮阯とみなされている礎石や周辺で最終される古瓦は、国分尼寺のものではないかとしている(大津市一九四二)。

また、大井重二郎氏『上代の帝都』(一九四四年)は、保良宮は大津市の国分に擬定する説が有力であるとし、国分に洞山があり、古くに洞神を祀っていたことを記す。しかし、この擬定地はきわめて狭く、京を営むには適さないとした。また、「へそ石」の礎石は寺院址のものと考えられるとし、保良庄の地四〇町を容れる平地は、近津尾神社の東方に広がる高台の地を想定し、この地域に保良宮を想定するのが適当とした（大井一九四四）。

戦後では、昭和三〇年（一九五五）に記された瀧川政次郎氏の「保良宮考」は、文献史料によって保良宮の性格を詳細に述べる。瀧川氏によると、保良宮は近江国分寺と石山寺のそれぞれと関係が深いので、両寺とさほど遠からぬ所にあったとする。そして、保良京の南限は、伽藍山の西北隅と近津尾神社を結ぶラインに、北限は北大路とし、三方を山に囲まれ、湖水に臨んだ四神相応の地であったとする。京内は東北側が低いので、内裏を北に設けると民家から見下ろされる。そこで、陪都の宮室は南面することを要しないので、保良宮の宮室は、京域の南端より外側へ突出する形で、洞山地域にあったと推測する。ここは狭い地だが、旧洞神社もあり、「へそ石」の礎石も転がっている。この礎石は宮内に建てられた仏殿の礎石とみなす考えも示した（瀧川一九五五）。

続く岸俊男氏『藤原仲麻呂』（一九六九年）は、保良宮は平城京に対する陪都とし、保良宮の所在地は旧洞神社付近とみなされているが、確実ではないとした（岸一九六九）。

その数年後の昭和四八年（一九七三）の村井康彦氏『古京年代記』は、保良宮に言及し、所在地は石山寺の西北方の山麓に推測する。遷都した歴史的背景として、天平宝字三年

（七五九）以降の藤原仲麻呂による新羅出兵計画の推移をたどり、その際におこる事態を考慮し、内陸部である近江の琵琶湖畔の保良宮・京に都を遷したとする。そして、保良京はその基地であったとみなした（村井一九七三）。

その翌年に出された八木充（やぎあつる）氏『古代日本の都』（一九七四年）は、保良宮は大津市石山国分一帯とし、伽藍山の西方、国分団地の北端の台地上に洞ノ前の地名があるとする。そして北京をこの地に選んだ理由は、近江国が藤原氏のいわば領国であったこともあるが、前述した村井康彦氏の見解を踏まえ、恵美押勝（えみのおしかつ）（藤原仲麻呂）が唐王朝の内乱に対し、新羅を討伐する好機と受けとめ、新羅遠征を計画した。そこで新羅出兵によって惹起される軍事的な危機に備え、保良京へ遷都したものと想定した（八木一九七四）。

また、横田健一氏の「北京と西京―保良宮と由義宮」（一九七六年）は、宮殿の位置は国分一丁目ないし石山高校方面かとする。そして、横田氏も、天智天皇が白村江の敗戦後、近江に遷都した先例からみて、仲麻呂による新羅征討の計画と関係があるのではないかとし、日本海へ交通が至便である保良京の地に遷したとしている（横田一九七六）。

さらに、栄原永遠男（さかえはらとわお）氏「国府と保良宮」（一九七八年）は、保良宮が瀬田川西岸の旧滋賀郡石山付近に存在したことはほぼ確実とする。国分団地内にある旧洞神社前の「へそ石」の礎石は、その位置を比定する資料たりえない。保良庄四〇町の前身である保良宮は、比較的広い平坦地が想定されるので、さしずめ石山寺のある伽藍山西北方付近から北方の北大路、粟津付近にかけてのどこかとみなし、国分二丁目付近の奥まった狭い地域に比定することは困難とした（栄原一九七八）。

昭和五六年（一九八一）、古代の各都城を概述した岸俊男氏『日本の古代宮都』は、保良宮の所在地は近江国府や国分寺に近く、石山寺のある伽藍山の西、大津市国分町の「洞ノ前」、もと洞神社の付近と伝えられているが、確実な遺跡は見つかっていないとした。保良宮の地をなぜ選んだかは、藤原仲麻呂は父の武智麻呂に続いて近江守となり、少し前に祖父の不比等を近江一国に対して淡海公とし、近江国はいわば藤原氏の領国的な存在であったとする。そして、仲麻呂の画策で北京と呼称する陪都の保良宮・京が造営され、遷都が行われたとみなした（岸一九八一）。

また、山田昌功氏「瀬田川流域の文献学的調査」（一九八三年）では、旧洞神社付近は谷あいの地で、宮や京を営むのに適さないので、伽藍山西北方から北大路，粟津付近にかけてのどこかとする。「北京」は小治田宮に対する北京で、平城京を指す。保良宮はあくまで離宮であり、平城京改作のための仮宮であった。文献から確認できる施設には、内裏、民部省、紫微中台（しびちゅうだい）、内裏のそばに焼炭司の倉、宮の西南に池亭がある。また官人宅として近江按察使（あぜち）の藤原御楯（ふじわらのみたて）、藤原仲麻呂、東海道節度使の小野石根（おののいわね）らの邸宅があったことを述べる（山田一九八三）。

平成元年（一九八九）、近江の古代寺院の一つとして「国昌寺跡」を述べた西田弘氏は、福山敏男氏の教示によるとして、法進が著した「日本大蔵経小乗律章疏一」の「沙弥十戒幷威儀経疏」巻第五奥書に、淳仁天皇の車駕に従って保良宮に行き、国昌寺に宿泊したという記載から、国昌寺は保良宮の近くに併存していたとし、国昌寺を保良宮の後身とする肥後和男氏の説は当たらないとした。後に近江国分寺になった国昌寺跡は、今の晴嵐小学校の東側台地にあったと推測する。そして、この国昌寺の推定地から南西六〇〇メートルの東海道新幹線建設の予定地の発掘調査を担った嶋田暁氏によって、調査地に国分尼寺があった可能性が提示されている。この考えは新たな仮説であり、この調査地に保良宮があり、その跡地に国分尼寺が建てられたのではないかとした（西田一九八九）。

また、足利健亮氏「勢多橋と古代官道」（一九九〇年）は、保良京の位置は正確には不明であるとする。そして平安初期の西大寺文書に「滋賀郡保良庄」とみえ、国分集落の西方丘陵に「洞神社」があったことから、国分から北大路にかけての低台地上に比定する説が有力とみなしている（足利一九九〇）。

平成三年（一九九一）、林博通氏「近江国分寺に関する発掘調査」では、保良宮は石山国分一丁目、光が丘町の台地上にある石山国分遺跡の周辺に想定する。この石山国分台地には、定額寺であり後に国分寺となった国昌寺があり、国昌寺は保良宮の近くに並存していたことが分かっているとする（林一九九一）。

また、林博通氏「保良宮小考」（一九九四年）は、保良宮を対象とした論文で、保良宮の擬定地とされている石山国分遺跡の第一次発掘調査地（晴嵐小学校敷地）と第二次発掘調査地（西南の東海道新幹線建設予定地）の発掘結果を検討し、出土瓦を整理する。そして、石山国分台地には保良宮と国昌寺、弘仁十一年（八二〇）以降の国分寺、さらに国分尼寺があったとした。また石山国分台地を中心とする地域で、保良宮として利用できる範囲を、石山国分台地を含む東西六八〇メートル、南北六九〇メートルとみなした。また、国分にある「へそ石」は、肥後和男氏が述べるように、その西側の丘陵に花崗岩の石材の露頭があるので、礎石の製作地に置かれたものと推測した（林一九九四）。

さらに、鷺森浩幸（さぎもりひろゆき）氏の「八世紀の流通経済と王権―難波と勢多―」（一九九四年）は、保良宮には民部省、式部省、左衛士府などの中央政府の官司が存在し、諸国の貢納物も集積されていた。周辺には勅旨省の出先機関も存在した。陪都としては当然であり、短期間の造営としては整った様相がうかがえるとした（鷺森一九九四）。

また、瀧浪貞子氏『最後の女帝　孝謙天皇』（一九九八）は、保良宮の造営の性格に言及し、保良宮は石山寺の近くに営まれた宮都であろう。この保良宮は単なる離宮ではなく、遷都を認識させるような本格的な宮都として造営しようとしたものである。一言でいえば、保良宮は藤原仲麻呂が新羅出兵のための拠点であり、防御基地として造営した宮都であったとする。この時期の仲麻呂は、新羅出兵の一点に目を向けており、国を挙げて実現するためには、拠点である保良宮に天皇・上皇の行幸を求め、これを宮都に准ずるものとすることだった。平城宮の改作を理由に、一旦は小治田宮へ移り、北京を造らんとの天皇の勅で保良宮遷都を実現した。経緯は回りくどいが、仲麻呂らしい計算したやりかたであったとしている（瀧浪一九九八）。

ここで、保良宮所在地の候補地の一つとされている石山国分遺跡の発掘調査の成果をまとめて記すことにする。

まず、昭和三六年（一九六一）の大津市立晴嵐小学校の校舎移転に伴う事前の発掘（第一次調査）では、掘立柱建物が検出され、軒丸瓦・軒平瓦、須恵器などが出土した。翌年の昭和三七年（一九六二）、東海道新幹線建設にともなう事前発掘（第二次調査）では、東西に一列に並ぶ五個の礎石と平行する溝、瓦溜が検出された。奈良・平安時代の軒瓦と平安時代の須恵器類が出土した。調査者の嶋田暁氏は、国分寺と異なる国分尼寺跡を推測した（島田一九六一）。

また、平成三・四年（一九九一・九二）の晴嵐小学校の西を通る南北道路の西側に建設された集合住宅の事前発掘（第三次調査）では、東西・南北の溝七条、平安時代の掘立柱建物三棟、礎石建建物一棟が検出された。これらの建物では、南端で検出された礎石建建物が注目された（大津市二〇〇二）。

さらに、晴嵐小学校校庭の南にあたる大津市南消防署・晴嵐保育園の建設地の発掘（第四次調査）では、奈良時代のA—1期、A—2期の掘立柱建物、溝などが検出された。これらのうちA—2期では、L字に配された築地塀による二区画が検出され、南の区画では長大な東西棟建物とその西南で南北棟建物が配されている。また北の区画でも南北棟建物が一棟以上見つかっている。出土した軒瓦類は、平城宮Ⅳの時期にあたる平城宮系のものが主体をなしており、保良宮に関連する官人の邸宅あるいは官衙に推測されている。また、保良宮の造営にかかわる鉄器生産の工房跡とみなされる遺構も検出され、保良宮を探るカギがえられたとしている（大津市教委二〇〇五）。

その後の最近の研究では、小松葉子氏「近江国滋賀郡瀬田川西岸における古代道路の復元—保良京とその周辺遺跡をめぐって—」（二〇一一年）と同じく小松葉子氏「滋賀県大津市国分所在礎石『へそ石』の周辺」（二〇一二年）が保良宮の所在地論として重要である。前者は、瀬田川西岸を通る官道が晴嵐小学校の校地のほぼ中央部を貫通していたものと復

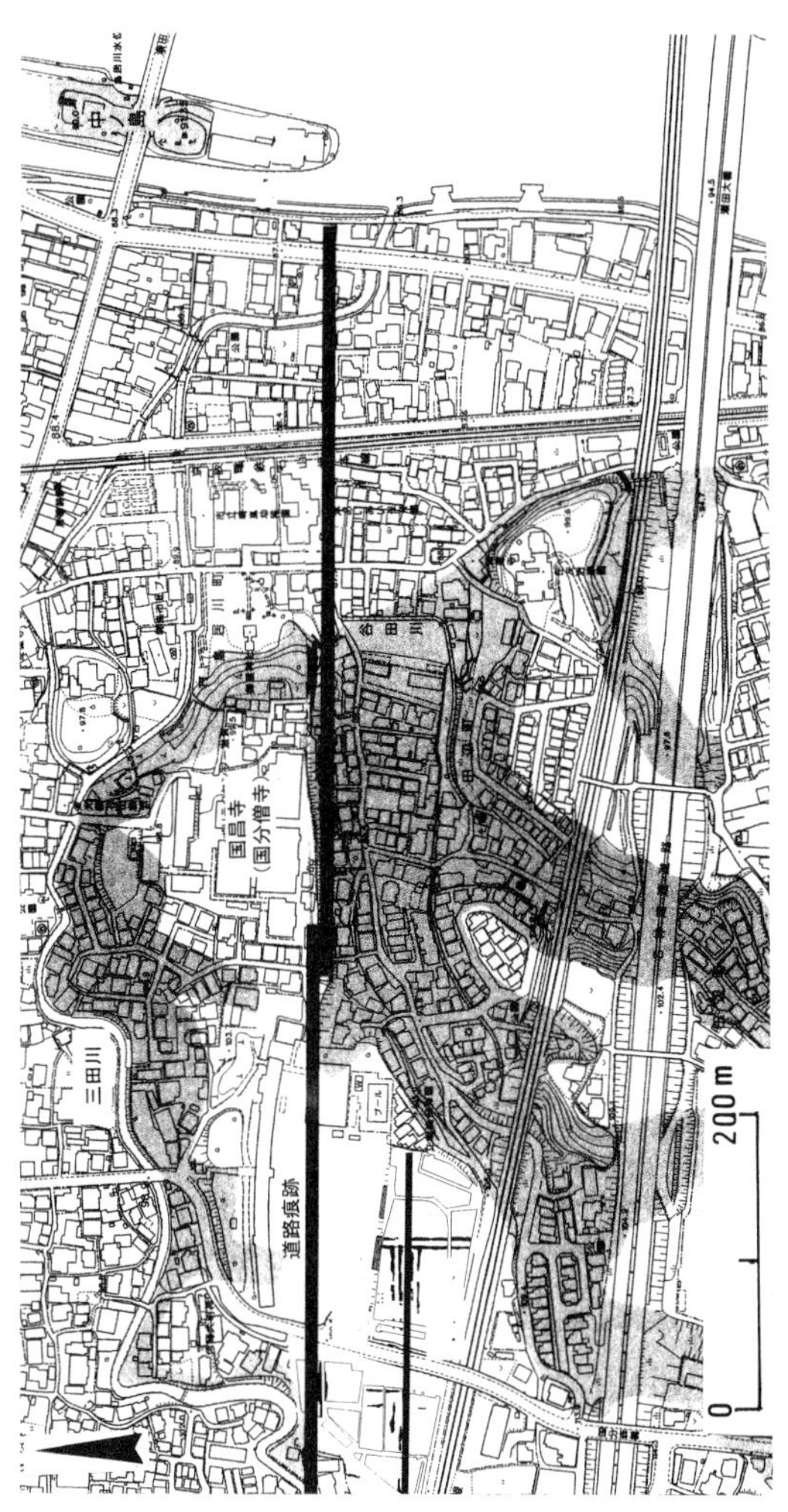

図77　石山国分遺跡と瀬田川西岸の官道（小松葉子2010論文）

元し(図77)、後者は、国分二丁目にある礎石「へそ石」のすぐ北にある国分山の採石加工場で、「へそ石」と同様の出枘(でほぞ)がある礎石が存在することを確認している(小松二〇一〇・二〇一二)。これによって、「へそ石」をもとに、保良宮を国分二丁目に想定する根拠はほぼ失われたものとみてよい。

以上、これまでの保良宮・保良京に関連する主要な研究を、公表された年次順にその要点を述べた。これらの研究は、おおまかに第Ⅰ期と第Ⅱ期に区分すると、第Ⅰ期は戦前の研究で、昭和三年(一九二八)の『滋賀県史』の記述に始まり、肥後和男氏、大井重二郎氏らによる研究がある。肥後氏は国分の洞ノ前にある礎石「へそ石」と洞神社があるが、そこを保良宮とみなす考えを否定し、国昌寺が保良宮の跡に建てられたものと想定した。大井重二郎氏も洞神社と礎石「へそ石」を保良宮と関連するとみなすのは、空間が狭すぎるとして否定し、その東方の開けた地に想定した。

第Ⅱ期は戦後の多くの研究があり、瀧川政次郎氏、村井康彦氏、八木充氏、瀧浪貞子氏らによって保良宮・京への遷都の要因が検討され、さらに鷺森浩幸氏によって保良宮運営の実態が明らかにされている。考古学では、林博通氏と小松葉子氏による研究が重視される。

まず、瀧川氏の「保良宮考」は昭和二五年(一九五〇)に発表されたが、氏の著書『京制並びに都城制の研究』(一九六七年)に所収され、多くの研究者が読めるようになった(瀧川一九六七)。これは保良宮の性格を検討したもので、所在地は地名を重視したのみで進展をみないが、保良宮がもつ歴史的性格と研究すべき課題を具体的に論じている。

また、村井康彦は、瀧川氏が保良宮に滞在した七ヶ月間に新羅征討に関する大事が決裁したと述べたにとどまったが、国際的契機をより重視し、保良宮・京の遷都を藤原仲麻呂による新羅出兵への基地とみなすという重要な視点を提示した(一九七三)。この村井氏の見解によって、保良宮・保良京の造営は、『続日本紀』天平宝字五年(七六一)一〇月己卯(二八日)条に記すような、平城宮の改作によって遷都したという表面的な要因から、より本質的な要因の究明に道を開くことになったというべきであろう。

この新羅の征討計画とは、天平宝字二年(七五八)九月に帰国した遣渤海使(けんぼっかいし)の小野田守が十二月に入京し、唐王朝で七五五年に安禄山の乱がおこり、唐王朝が危機に陥っていることを報告した。唐王朝に新羅を支援する力がないことを知った藤原仲麻呂は、これを新羅征討の好機ととらえ、渤海の協力のもとに征討計画をすすめた。翌年の天平宝字三年(七五九)六月、大宰府に新羅を討つため行軍式を造らせ、九月に北陸・山陰・山陽・南海道の諸国に船五〇〇艘(そう)を三年間で造るよう命じた。保良宮・京の造営は、その直後の同年十一月に開始した。

さらに天平宝字五年(七六一)十一月には、東海道・南海道・西海道節度使が任命された。そして、仲麻呂の三男の藤原朝獦(あさかり)を東海道節度使に任じるなど(5)、戦いへの体制が整えられた(鈴木二〇〇五)。

しかし、天平宝字六年(七六二)五月、道鏡との関係を淳仁天皇に批判された孝謙上皇が激怒し、皇権が分裂することになった。そして、その後の天平宝字七年(七六三)八月には南海道節度使、同八年(七六四)七月には朝獦が兼任する東海道節度使が廃止され、新羅征討計画は中止になったのである。

村井氏による新羅征討のために保良宮・京へ遷都したという見解は、八木充氏、横田健一氏に引き継がれ、さらに瀧浪貞子氏によって仲麻呂との関連がより深められている(瀧浪一九九八)。

また、平成二三年(二〇一一)の鷺森浩幸氏による造石山寺所と保良宮との関連の研究は、造石山寺所が担った石山寺の大増改築事業の従事者に対し、保良宮から給付があったことを記し、石山寺造営と保良宮とのより深いつながりが明らかにされている(鷺森二〇一一)。

このように、保良宮・保良京の造営と遷都に対しては、これまでは『続日本紀』に記すように平城宮改作のためとし、近江の保良宮・京に遷都した要因として、藤原氏による近江に対する領国的な面が重視されている。しかし、保良宮・保良京遷都の歴史的背景は、村井氏が要因を明らかにしたように、藤原仲麻呂が新羅出兵の基地とすることを意図して遷都したとする理解が、その歴史的な本質を明らかにしたものといってよいであろう。

また、考古学的な研究では、石山国分遺跡が保良宮所在地の擬定地とされ、これまでの採集や出土した軒瓦に対する研究が深められている。そして、国分二丁目にある礎石「へそ石」は、小松葉子氏によって、保良宮・京の所在地を示す資料とはみなせないことが明らかにされている。

三、保良宮の擬定地とする石山国分遺跡の性格

近江に造営された保良宮の所在地は、古くは大津市国分二丁目に出枘を造りだした礎石「へそ石」があり、その付近に「洞ノ前」の地名、洞神社があったことから、保良宮が所在した擬定地にみなされていた。

しかし、肥後和男氏は石山国分台地にある国昌寺跡に、大井重二郎氏は国分二丁目の地は、宮都の所在地としては狭すぎることと、礎石「へそ石」を寺院跡とみなし、その東方に保良宮が所在したものと推測した。

戦後の研究では、多くの見解がだされているが、保良宮そのものを対象とした論文は、瀧川政次郎氏と林博通氏に限られる。瀧川氏は、文献から保良宮の性格をほぼ明らかにし、その所在地は、「洞ノ前」の地名と礎石「へそ石」を重視し、この礎石は保良宮の内部に仏殿があったものとみなし、ここに保良宮が所在するものと推測した。

しかし、この「へそ石」は一九三三年（昭和八）に肥後和男氏が礎石の製作地に所在するものとみなし（肥後一九三三）、林博通氏も同様の考えを述べている（林一九九四）。この「へそ石」は、平成二四年（二〇一二）に小松葉子氏によって、洞神社の社地の北にある国分山の採石加工場で、「へそ石」と同様の出枘式の別の礎石が遺存することが確認されたので、ここに保良宮があったとする根拠はほぼなくなった（小松二〇一二）。

このように、礎石「へそ石」を拠り所とする国分説の擬定地の根拠が失われたことからすると、保良宮の所在地の擬定地は石山国分遺跡のみということになる。

この石山国分遺跡は、これまでの発掘調査の経過を前章で少し記したように、戦後の昭和三六年（一九六一）に大津市立晴嵐小学校の校舎移転地（第一次調査）、昭和三七年（一九六二）に東海道新幹線建設にともなう事前の発掘（第二次調査）、また三〇年後の平成三年（一九九一）に、晴嵐小学校の西側の共同住宅の建設地（第三次調査）、さらに平成四・五年（一九九二・九三）、晴嵐小学校校庭の南の隣接地に大津市南消防署・晴嵐保育園の建設が計画され、事前に発掘調査が実施されている（第四次調査）。平成二四年（二〇〇二）には『発掘調査報告書』が刊行され（大津市教委二〇〇二）、検出された遺構と出土した瓦類、土師器、須恵器などが報告され、石山国分遺跡に対する多くの知見が加えられている（図3）。

その結果、瀬田唐橋の西方七〇〇メートルに所在する石山国分遺跡に保良宮が営まれたとみなす研究者が多くなっている（図76）。

石山国分遺跡は、東西七〇〇メートル、南北二〇〇メートルの東西に長い石山国分台地の西半部に所在したとみなされる遺跡である。東半部には伽藍の所在地はまだ明らかでないが、七世紀末の国昌寺跡が所在したと推測されている（西田一九八九）。

これまでの石山国分遺跡の発掘では、遺跡の南半部で幅六メートルの東西道路を境に、北と南に築地によって区画された敷地が見つかっている。南区画では桁行七間、梁行二間の東西棟、その東南で桁行三間以上、梁行二間の南北棟の掘立柱建物が検出されている。また北区画では、桁行二間以上、梁行二間の南北棟、その西でも掘立柱建物の一部が検出されており、有力官人の邸宅もしくは官衙の可能性が推測されている（図59）。

これまで石山国分遺跡から採集や発掘によって初期に出土している瓦類は、林博通氏（林一九九四）、平井美典氏（平井一九九六）によって、また第三・四次調査による出土品は、『調査報告』に報告されている（大津市教委二〇〇二）。

まず、林氏は石山国分遺跡の瓦類を、白鳳期、奈良時代、平安時代に区分し、白鳳・奈良時代の軒丸瓦をA～D型式、軒平瓦をA～F型式に分類した。また、平井氏は林氏が報告したものに、採集資料を加え、軒丸瓦一〇型式、軒平瓦十二型式に分類している。さらに大津市教育委員会は、第三・四次調査の出土品に対し、詳細に報告している（大津市二〇〇二）。

これらの石山国分遺跡から出土した軒瓦のうち、保良宮に関連するとみなされるものは、軒丸瓦二型式、軒平瓦三型式がある。これらのうち軒丸瓦一型式は、単弁十二弁蓮華文で、中房に１＋５の蓮子（れんし）をつけ、弁端が少しとがる単弁を十二弁配し、外区に珠文をめぐらすもので、平城宮６１３３A～C型式と同笵、大型のものは６１３３Q型式とみなされるものである。また軒丸瓦二型式は、複弁八弁蓮華文で、中房に１＋５の蓮子をつけ、短い複弁を配し、外区に珠文をめぐらすもので、平城宮の６２３５B型式と同笵とみなされる（図61）。

また、軒平瓦一型式は均整唐草文で、花頭形（かとうけい）の中心飾から左右に唐草が三回反転する。内区と下外区との界線は二本あり、平城宮の６６６３型系とみなされるものである。軒平瓦二型式は均整唐草文で、花頭形の中心飾の左右に比較的大きく巻く唐草が四回反転するもので、上・下外区の珠文は小さく密につけており、平城宮６６９１B型と同笵のものである。また軒平瓦三型式は、三葉の中心飾から左右に唐草が三回反転する均整唐草文で、上下外区に粗く珠文をつけ、平城宮６７６３Ａ型と同笵とみなされるものである（図62）。

　これらの軒瓦のうち、軒丸瓦６１３３Ａ～Ｃ型式は、平城宮Ⅳ―１期（天平宝字元年～天平神護二年）（七五七～七六六）に想定されているもので、第二・三・四次調査地で出土した。また、軒丸瓦６２３５Ｂ型式も、平城宮Ⅳ―１期とみなされているもので、大津市膳所（ぜぜ）相模町（さがみちょう）でも出土している（西田一九八九）。また、軒平瓦の６６９１Ｂ型式も、平城宮のものと同笵の可能性が高く、平城宮Ⅲ期～Ⅳ期にみなされているもので、第三次調査地で出土している。さらに６７６３Ａ型式は、平城宮と同笵のものとみなされているもので、平城宮Ⅳ期後半とされているものである。

　以上のように、石山国分台地にある石山国分遺跡の発掘地では、平城宮の同笵軒瓦が少なからず出土する。これまでの発掘調査では、検出された遺構の遺存状態は良好とは言い難いが、Ｌ字、あるいは逆Ｌ字に区画する敷地で掘立柱建物が検出されている。また、これらの同笵軒瓦は広がりをもって出土していることからみて、これらの軒瓦は保良宮に関連する諸官衙の中心建物、築地などの区画施設に葺かれたものと推測される。しかし、これまで検出されている諸官衙の建物はごく限られている。これは保良宮の存続期間が天平宝字五年（七六一）から天平宝字六年（七六二）というごく短期間であったことと関連するものかも知れない。

このように、第四次発掘調査区では、区画する築地と掘立柱建物が検出され、平城宮Ⅳ期の同笵軒瓦、同系統の軒瓦を葺いた建物が構築されていたことから、これらの建物をふくむ周辺に保良宮が存在したものとみなされている（大津市教委二〇〇二）。

ところで、保良宮は、『続日本紀』天平宝字五年（七六一）一〇月己卯（二八日）条に、平城宮の改作によって淳仁天皇・孝謙上皇が保良宮に滞在することになったと記すことからみて、保良宮の一つには、平城宮の内裏に所在した淳仁天皇・孝謙上皇の御在所の殿舎と官人らが政務を担う官衙が構築されたものと想定される。天皇の居所をふくむ平城宮の内裏は、東地区の朝堂院・第二次大極殿院の北に配されていた。この内裏には南半部に内裏正殿と脇殿による内郭、その北に後宮にあたる広い外郭を構成する多くの殿舎が建てられていた。しかも区画施設などは瓦葺されたが、内裏正殿地区、御在所の中心殿舎は瓦葺ではなく、檜皮葺（ひわだぶき）されていたものとみなされている（奈文研一九九一）。このことは、保良宮でも淳仁天皇・孝謙上皇の居所となった御在所の殿舎は、いずれも檜皮葺であったと想定されるであろう。

この点では、前述した石山国分遺跡の晴嵐小学校敷地、南消防署・晴嵐保育園敷地では、複数の平城宮と同笵の軒瓦が出土することからみて、保良宮と関連する建物が構築されたものと推測すると、これらの建物は、いずれも内裏や天皇の御在所というよりも、官衙的な性格がきわめて高いものと思われる。

そして、かつて国昌寺跡の性格に言及した西田弘氏は、国昌寺の寺域を石山国分台地の東半部にあるポリテクセンター滋賀の敷地に推測している（西田一九八九）。これまでの林博通氏、平井美典氏、小松葉子氏らによる石山国分遺跡での瓦類の採集状況からみて（林一九九四・平井一九九六・小松二〇一四）、この推測はほぼ妥当なものと思われる。

そこで、定額寺であり、後に近江国分寺となった国昌寺が二町規模の寺域を有し、しかも現状の石山国分台地の西半部にある晴嵐小学校敷地の中央部を東西に官道が貫通していたとすると、この地域は南北に二分され、南北は一〇〇メートルに満たない東西に長い構成の空間が存在したものと推測されることになる。しかも、ここには保良宮に関連する瓦葺した官衙の建物が、南北が一〇〇メートルに満たない横長の空間に、多くの施設が設けられたものとみなされることになる。

ところで、保良宮に遷都する以前の平城宮は、平城京の中央北端部に設けられていた。ここには、天皇の居所の御在所をふくむ内裏、国家的な儀式を行う大極殿院・朝堂院、さらに八省の政務を担う中央官衙などから構成されていた。その空間規模は、東西は東に張出した東院をふくみ一二六〇メートル、南北は一〇〇〇メートルの空間規模をなしていた。

このような平城宮の構成と空間規模からすると、石山国分台地の東西七〇〇メートル、南北二〇〇メートルの敷地に、保良宮に関連する施設が設けられたとみなした場合、平城宮のどのような部門が移転されたかが問題になるだろう。

その際に重視されるのは、平城宮では、大極殿院・朝堂院、八省の諸官衙の建物には瓦葺きするが、内裏は区画施設や一部の建物には瓦を葺くとしても、中枢部の内裏正殿一郭や御在所一郭は檜皮葺を基本とする点が重視されることになる(奈文研一九九一)。

そして、石山国分遺跡の国分台地では、これまでの発掘地では、いずれも複数の平城宮と同笵の軒瓦が出土しており、残された未発掘地をふくめても、ここには平城宮から遷された内裏の淳仁天皇・孝謙上皇の御在所に相当する殿舎が、構築されていた可能性はきわめて少ないものと思われる。

すなわち、これまで発掘されている石山国分遺跡の建物遺構は、いずれも平城宮の同笵軒瓦が葺かれているので、保良宮で官人らが政務を担った官衙施設と理解されるものである。そこで、保良宮の淳仁天皇・孝謙上皇らが居した御在所は、石山国分台地とは異なる地に構築されたものと推測されることになり、新たに御在所の所在地を求めることが必要になるであろう。

四、保良宮の御在所に対する新たな擬定地の検討

保良宮の淳仁天皇・孝謙上皇の御在所の所在地を新たに求めるには、つぎの二つの条件を満たす地を求める必要があるであろう。

一つは、これまで福山敏男氏、瀧川政次郎氏、八木充氏、栄原永遠男氏らの見解にみるように、石山寺と深いつながりをもつだけに、石山寺とより近い地に求める必要がある。

二つには、前述した平城宮内裏の中枢部を構成する殿舎の性格からみると、淳仁天皇・孝謙上皇の御在所を構成する殿舎は、いずれも掘立柱建物が構築され、檜皮葺していたものと推測される。つまり保良宮の淳仁天皇・孝謙上皇の御在所の殿舎は、瓦葺していないので、保良宮の時期の屋瓦が散布しない可能性が高いであろう。また保良宮の初期の研究では礎石「へそ石」が注目されたが、掘立柱建物が構築されたとすると、礎石建ち建物の存在は想定し難いものと思われる。

以上のような条件をもとに、石山寺の北もしくは西北地域を対象に、保良宮の御在所が構築された所在地の探索を試みることにしたい。これには、多くの民家が構築され、開発し尽くされた石山地域を対象にする前に、より古い地形をとどめる明治期の地形図を参照

すると、その資料の一つに明治二五年（一八九二）に測量し、明治二八年（一八九二）に製版された二万分の一の地図がある（図78）。

この地図を見ると、石山寺の北にあたる瀬田川西岸には、瀬田唐橋の西側に二つの東西に長い台地が描かれている。一つは北に位置する石山国分台地である。この台地は、北側を石山、粟津（あわづ）の平坦地、南は谷田をなす帯状の谷に挟まれており、東西七〇〇メートル、南北二〇〇メートルほどの低い丘陵地をなしている。この石山国分台地は、現状でもほぼ同様の形状を示している。そして、西端付近に晴嵐小学校地、その東に光が丘町の住宅が建ち、さらに東半部にポリテクセンター滋賀の施設、東端に御霊神社が鎮座する。

また、この石山国分台地の南三〇〇メートルに、この台地とほぼ平行するように、もう一つのより大きな東西に長くのびる田辺台地（仮称）が描かれている。この田辺台地と北にあたる石山国分台地との間には、帯状をなす狭い谷田が東西に広がる。この田辺台地は、現状でも南西から東北へ緩く下がりながら延びる東西八〇〇メートル、南北一五〇〜二〇〇メートルの丘陵地をなしており、東北端部を京阪電車が南北に走る。田辺台地の南端は、東西に延びる狭い谷を挟んで、石山寺の西北に広がる伽藍山と対している。

これら現状にみる二つの東西に延びる台地のうち、石山国分台地は標高一〇六メートル、周辺の平坦地と比高一〇メートルほどの平坦な台地をなし、田辺台地は西南端付近では標

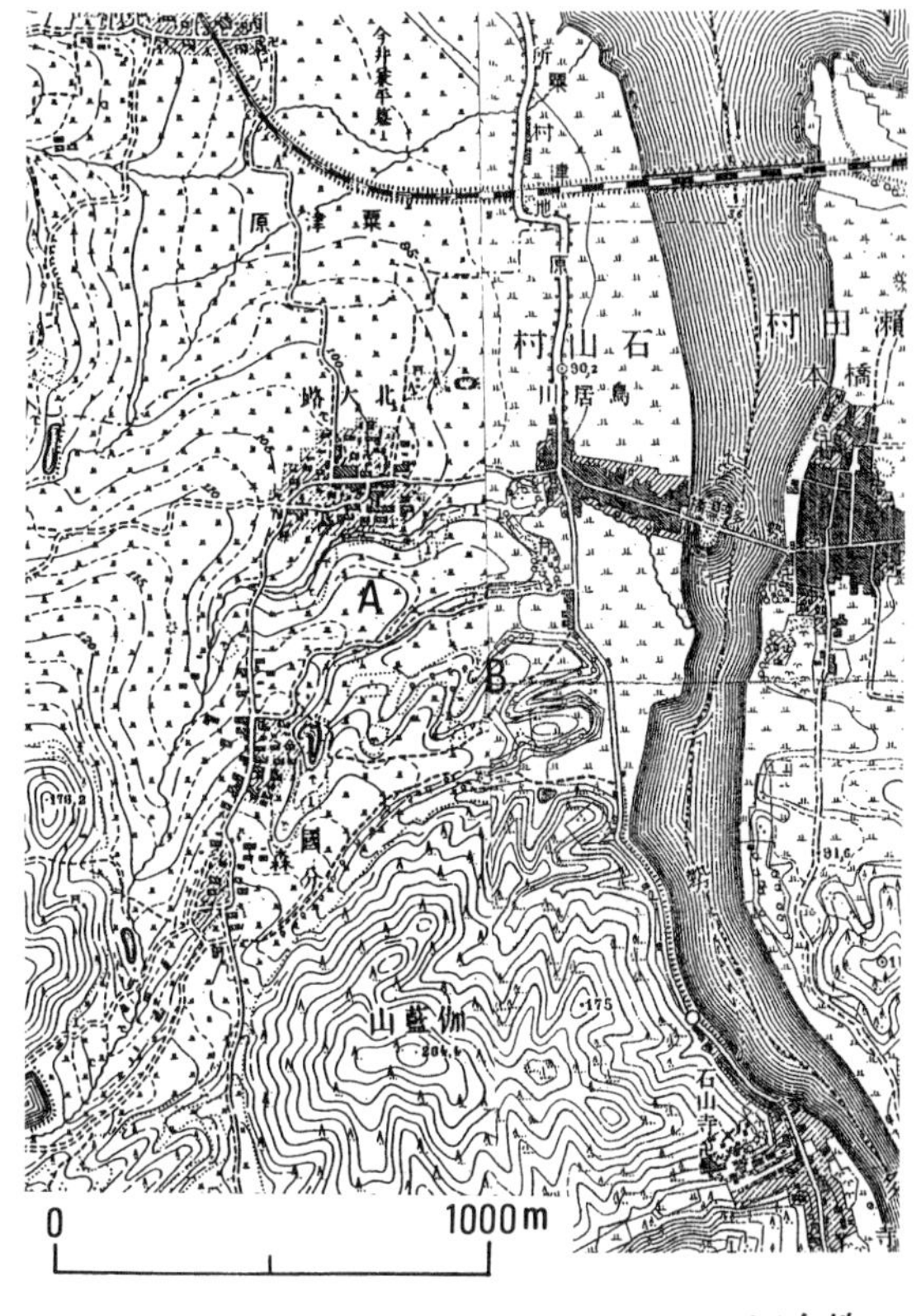

A　石山国分台地　　B　田辺台地

図78　明治期の石山国分台地と田辺台地

高一二〇〜一一五メートルをなすが、東北端付近は標高一〇二〜一〇〇メートル、周辺の平坦地との比高は一〇メートルほどである。二つの台地は、居住に適した低丘陵地で、現在は石山国分台地には光が丘町、田辺台地は田辺町の多くの住宅が建っている。

以上のように、石山寺の北にあたる古代の瀬田川西岸には、石山国分台地と田辺台地という二つの東西に長く延びる台地が存在している。二つの台地では、北の石山国分台地のみは、石山国分遺跡（肥後一九三三）と国昌寺跡（西田一九八九）の遺跡が存在することが早くから知られてきた。それは石山国分遺跡には礎石の一部が残り、古瓦が多く散布し、国昌寺跡も古瓦が多く採集されることによるものであった。

ところで、保良宮の擬定地とされている石山国分遺跡の遺跡範囲は、一九九〇年代までは、石山国分台地のみの表示から、二〇〇一年以降の『滋賀県遺跡地図』『大津市遺跡地図』では、その南にあたる田辺台地をふくむものに拡大して表示（図79）されている（滋賀県二〇〇二・大津市二〇〇二）。

このような石山国分遺跡に対する遺跡範囲の表示からみると、この遺跡は、北の石山国分台地とその南の田辺台地の二つの台地をふくんでいる。二つの台地では、北の石山国分台地の西半部では既に奈良時代の掘立柱建物などが検出され、平城宮と同笵の軒瓦が出土し、七世紀末に建立された国昌寺跡、さらに近年はポリテクセンター滋賀の敷地の南裾部

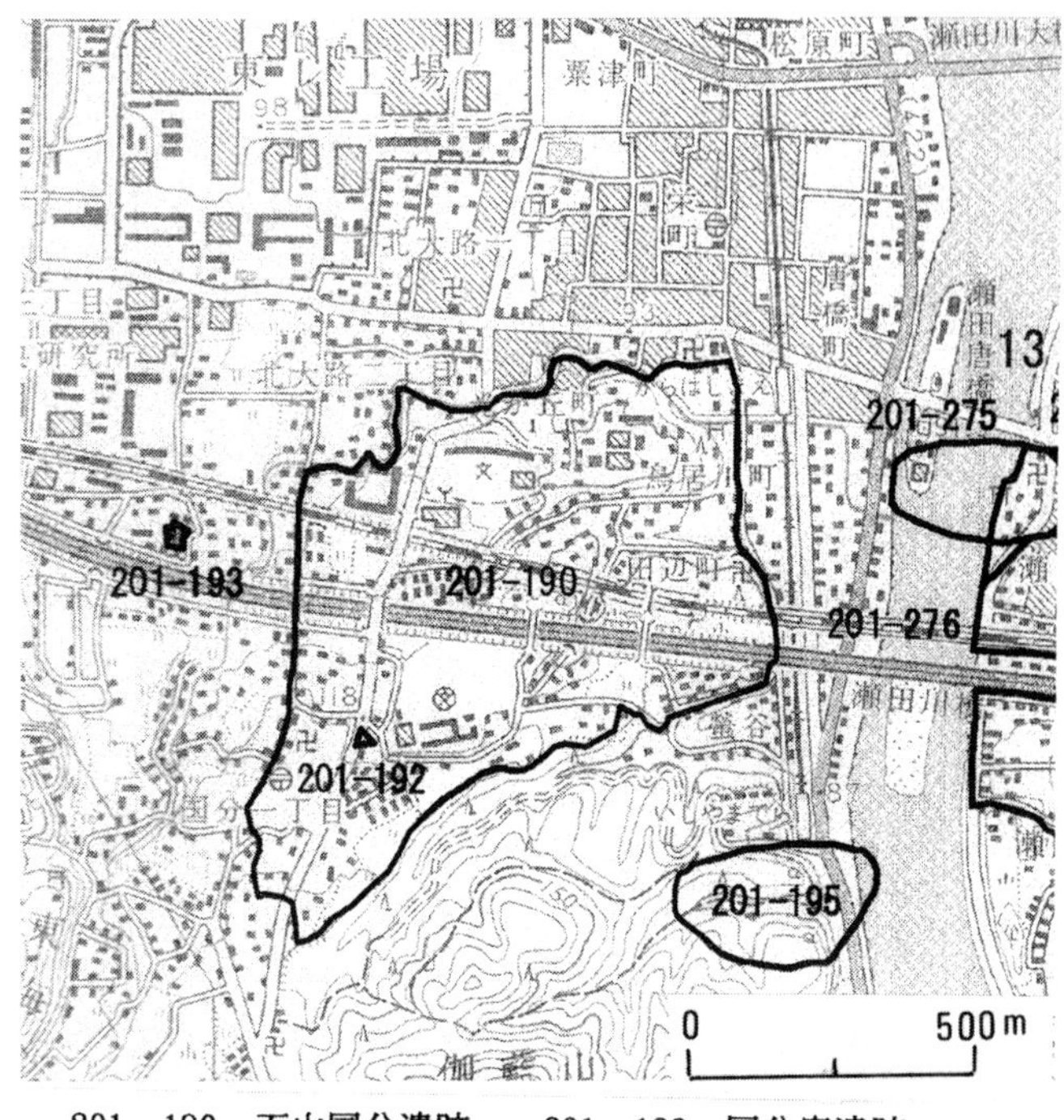

201—190　石山国分遺跡　　201—192　国分窯遺跡
201—195　蛍谷貝塚

図79　遺跡地図に記された石山国分遺跡の範囲
（滋賀県教育委員会『平成13年度　滋賀県遺跡地図』）

で新たに藤原宮の屋瓦を焼成した石山国分瓦窯二基が検出されている[6]。

そして、一方の田辺台地は、石山寺が所在する伽藍山を隔てたすぐ北に、東西に長く延びる台地である。この田辺台地は詳細に見ると、北側から小さな谷が入りながらも、西南部から東北に長く延びている。これらのうち、東北端部にあたる台地は、東西二五〇メートル、南北一五〇メートルほどの広がりをもち、西半部がわずかに高く、東へ緩く傾斜する。その頂部には平坦面が広がる。そして、この田辺台地の東端部は、現在は重要文化財に指定されている明治に構築された洋館・和館からなる住友活機園（すみともかつきえん）が所在している（図63・64）[7]。

活機園は、住友二代総理事を担った伊庭貞剛（いばていごう）氏が明治三七年（一九〇四）に、引退に際して自らの別墅（べっしょ）として建てたものである。氏が没した後は企業の住友に引き継がれ、住友活機園と呼ばれている。その敷地は、建設時から一九六〇年代半ばに東海道新幹線・名神高速道路が開通するまでは、一二〇〇〇坪の広さを有していた。この住友活機園の別墅をなす田辺台地の東北端部は、東に瀬田川、東北に瀬田唐橋と琵琶湖を眺望することができる。そして、南は石山寺の伽藍山と対峙する。

このような現状の田辺台地の東北端部の地形をみると、保良宮の淳仁天皇・孝謙上皇の御在所は、石山寺の北にある東西にのびる二つの丘陵地のうち、住友活機園の敷地をふくむ田辺台地の東北部に造営された可能性がきわめて高いものと推測されるのである（図65）。[8]

この田辺台地の東北部は、石山寺とは一二〇〇メートルを隔てるが、石山寺と最も近い台地である。台地上からは、瀬田川流域の優れた景観を俯瞰（ふかん）しうることからみて、保良宮の宮殿を営むのに最も適した台地であったとみてよい。しかし、田辺台地の東北端部は、これまで瓦類の散布や礎石が遺存する知見がないことから、現状では石山国分遺跡の範囲にふくまれながらも、特に注目されることがないまま今日に至っている。

しかし、『続日本紀』に記された保良宮は、多くの研究者によって推測されているように、石山寺ときわめて近い位置に造営されたものとみてよい。しかも、保良宮の官衙施設が、平城宮の同笵軒瓦が複数出土する石山国分台地の西半部に造営されたと推測されるとすると、淳仁天皇・孝謙上皇の保良宮の御在所も、その周辺地域に造営された可能性がきわめて高いであろう。

住友活機園が所在する田辺台地の東北部は、現状では東海道新幹線と名神高速道路が南半部を切断しているが、かつては東西二五〇メートル、南北一五〇メートルの広がりをもっていたとみてよい。ここは、まさに淳仁天皇・孝謙上皇の御在所を造営しうる諸条件を備えた適地であったとみなされる。

しかし、東端部に住友活機園が設けられている田辺台地の東北部に対し、これまで全く保良宮の御在所が設けられた擬定地とみなされることがなかったのは、以下のような複数の要因によるものであろう。

その一つは、早くから国分二丁目に「洞ノ前」の地名と「洞神社」があり、その近くに礎石「へそ石」が存在したことから、保良宮の候補地となったことである。そして国分南方の「洞ノ前」、「へそ石」の所在地を否定した際にも、北大路の西方寺にある礎石[9]が運ばれたという石山国分遺跡がそれに替わる擬定地となったことによるものであろう。

二つには、より重要なこととして、田辺台地の東北地域は、前述したように古瓦がまったく散布しないので、保良宮の御在所に関連する擬定地とみなされることなく、一九七〇年代以降は台地の西半部に宅地の構築が進展したことがあげられるであろう。

さらに三つとして、保良宮の擬定地とみなすことをより困難にしたのは、古く明治三七年（一九〇四）、伊庭貞剛氏が田辺台地の東北端に、広い敷地をもつ活機園を設けたことがあげられよう。活機園は、伊庭貞剛氏が没した大正十五年（一九二六）以降は、企業の住友がここを住友活機園として継承したが、この住友活機園の敷地を訪れる人はごく限られることになった。とりわけ、歴史・考古学研究者がここを訪れる機会は少なかったようである。

さらに、田辺台地の南半部は、昭和三九年（一九六四）に東海道新幹線（図80）、[10]翌年の昭和四〇年に名神高速道路が建設され、台地南半の地形が著しく損なわれ、変容したこともあげられるであろう。

以上、平城宮の同笵軒瓦の出土からみて、石山国分遺跡の石山国分台地に保良宮の官衙施設が構築されたことが疑いないことを前提にすると、保良宮の淳仁天皇・孝謙上皇が居した御在所は、その南三〇〇メートルにある田辺台地の東北部に構築された可能性がきわめて高いものと推測される。しかも、田辺台地の東北部にあたる住友活機園の敷地をふくむ一帯に、保良宮の淳仁天皇・孝謙上皇の御在所の殿舎が構築された可能性が最も高いものと推測されるのである。

そこで、田辺台地の東北端部の地形を

図80　田辺台地の東北端地域（西から、線路は東海道新幹線）

もとに、ここに構築されたと推測される御在所の構造に対しても、あえて検討を試みてみることにしたい。

五、保良宮御在所の擬定地からみたその構造

保良宮は石山寺の北一二〇〇メートル、石山寺から最も近い田辺台地とその北三〇〇メートルを隔てた石山国分台地に二分して設けられたものと推測される。二つの擬定地のうち、田辺台地は、近年は著しく開発されているので、明治期の地形図を参照すると、西南から東北へのびる東西八〇〇メートル、南北一五〇〜二〇〇メートルほどの丘陵地をなしていた。この田辺台地の東北部は、東西約二五〇メートル、南北一五〇メートルほどの広がりをもって東西に延び、南端部は緩く下がっている。まさに、ここに保良宮の淳仁天皇と孝謙上皇の御在所が造営されたものと推測する。

では、淳仁天皇・孝謙上皇の御在所に構築された殿舎は、どのような構造をなしていたであろうか。

淳仁天皇・孝謙上皇が保良宮へ遷都する直前に居所としていた平城宮の第Ⅲ期の内裏は、南に内郭の内裏正殿地区とそれを取り巻く内裏外郭から構成されていた。そのうち内裏内

郭の正殿一郭は、東西約八〇メートル、南北約八〇メートルをなし、正殿とその東西に南北棟の脇殿二棟が左右対称に配されていた。また、北外郭の中心部に東西六四・九メートル、南北六二メートルの空間をなす御在所一郭が設けられていた。この御在所一郭には、東西棟の四面庇付の正殿、その北に庇のない東西棟の後殿、正殿の東西に南北棟で西庇をもつ東脇殿、東西に庇をもつ西脇殿が対称に配されていた。

このような平城宮第Ⅲ期の内裏正殿一郭と御在所一郭が占めた敷地からすると、保良宮が所在したと推測される田辺台地の東北部は、平城宮内裏の御在所一郭をそのまま収容しうる空間を有するが、図66に示したように、正殿一郭をもそのまま移すことは難しいものと思われる。

そこで東西の脇殿は二棟を図示したが、一棟のみを配した可能性も少なくないだろう。しかも、『続日本紀』天平宝字六年（七六二）正月庚辰朔条は、宮室が未完成で朝賀の儀式を中止したことを記すので、淳仁天皇の御在所一郭の南に内裏正殿一郭を配することが計画されていたとしても、未完成だった可能性が高いであろう。

では、孝謙上皇の御在所の建物は、どのように配されたのか。

太上天皇の御在所に対しては、これまで発掘された宮都と関連する遺構を求めると、恭仁宮跡で検出された内裏の遺構が注目される。

恭仁宮は、聖武天皇が天平十二年（七四〇）一〇月下旬、にわかに東国へ行幸した後、山背国恭仁郷に留まって造営した宮都であった。この恭仁宮跡では、大極殿院の北で東内裏地区と西内裏地区という二つの内裏地区が検出されている（京都府教委二〇〇〇）。二つの内裏地区のうち、東地区は、北を掘立柱塀、東・南・西を築地塀で囲む東西一〇九メートル、南北一三九メートルの空間をなしており、その中央部に桁行七間（約二十一メートル）、梁行四間（約十二メートル）の四面庇付の東西棟建物が建てられ、その北に桁行七間（約二十一メートル）、梁行四間（約十二メートル）の南北両面庇付の建物が配置されていた。

一方の西地区は、東西約九八メートル、南北約一二七メートルの空間を掘立柱塀で囲み、その中央に桁行五間（約十五メートル）、梁行四間（約十一・七メートル）の南庇付の東西棟建物で、東に桁行四間、梁行一間の庇状のものが付く東西棟建物が建てられていた。そして、少し離れて東で西庇をもつ南北棟建物、東北に東と西に庇をもつ南北棟建物、西北で南北棟建物が検出されている。

このような恭仁宮跡にみる二つの内裏相当地区では、東地区が西地区よりも少し敷地が広く、殿舎の配置も西地区の中心建物が東西棟建物一棟に対し、東区は前殿、後殿の二棟の殿舎が柱筋を揃えて前後に配されていた。

恭仁宮の二つの内裏地区に対する理解は、なお確定していないが、東地区が聖武天皇の内裏、西地区は元正太上天皇の内裏とみなす橋本義則氏の見解がだされており（橋本二〇〇二）、著者もそのように理解したことがある（小笠原二〇〇二）。

このように恭仁宮跡の二つの内裏地区を参照にすると、保良宮でも、淳仁天皇と孝謙上皇の二つの御在所は、東西に併置して設けられたものと推測される。

そこで田辺台地の東端部の東西二五〇メートル、南北一五〇メートルほどの敷地に、東に淳仁天皇、西に孝謙上皇の御在所が東西に配されたものと推測する[11]（図66）。そして、東の淳仁天皇の御在所のみは、その南に内裏正殿と脇殿を配する一郭の併設が計画されたものと思われる。そして、これらは周囲を板塀によって囲繞され、いくつかの門が設けられたであろう。この門は、淳仁天皇の御在所では、後述する保良宮の諸官衙の所在地からみて、北門と東門、孝謙上皇の御在所では石山寺との関連で南門がより重視されたであろう。

この保良宮の御在所が営なまれた田辺台地の東北部は、東半部に比し西半部がわずかに高くなっている。この東半部の淳仁天皇の御在所からは、東に瀬田川と勢多橋、その北に琵琶湖を眺望でき、南に伽藍山を眺めることができたであろう。また、西半部の孝謙上皇の御在所からは、南に伽藍山、北に東西にのびる石山国分台地に建立された国昌寺の伽藍と西北に保良宮の官衙が望めたであろう。

また、これらの保良宮の御在所には、これらの中心的な殿舎の他に一定の空間を隔て、

『正倉院文書』天平宝字六年（七六二）六月三日付の「石山院牒案」および「草原島守啓」に、「大殿御畠蔵」に収納されていた荒炭九石、和炭六石を平城宮に送付したことを記す（12）ことからみて、諸物資を収納する倉庫や、厨などの付属する雑舎が何棟か構築されていたものと推測される。そして、これらの殿舎や付属建物は、いずれも檜皮葺か板葺されたであろう。

ところで、古代の瀬田川には勢多橋が架（か）けられていた。昭和六三年（一九八八）、瀬田川の河床から古代の勢多橋の橋脚遺構が検出されている。この橋脚の基礎遺構は、新羅の王京である慶州の南川に架けた月精橋（げっせいきょう）のものと共通することが明らかになった（小笠原一九九〇）。しかも奈良時代の勢多橋は、現在の勢多唐橋よりも八〇メートル下流に架けられていた。したがって、古代の勢多橋を東から越えた官道は、瀬田川西岸では石山国分台地の南端部、田辺台地に造営された保良宮の御在所のすぐ北を通過し、さらに西へ延びて晴嵐小学校の校庭の中央部を東西に通過していたものと復元されている（図77）。

さて、保良宮は、天平宝字五年一〇月中旬、淳仁天皇・孝謙上皇が平城宮から遷都し、そして天平宝字六年（七六二）五月二三日に淳仁天皇・孝謙上皇が不和となり、平城京へ還都するまでは、ここで官人らによって政務がとられた。この政務を行うために、乾政官（太政官）は平城宮から移っていたであろう。また、前述したように、『正倉院文書』天平宝字五年一二月二三日付の仁部省(民部省)宛てにだされた「甲斐国司解」には、坤宮官(紫微中台)で役務についていた甲斐国の廝丁の一人が逃亡したので、それに代わる仕丁を甲斐国司が貢進する旨が記されている。[13] これによると、保良宮には藤原仲麻呂を中心とする坤宮官が移り、仁部省などの諸官司の建物も構築されたものが少なくなかったであろう。しかも、諸官衙を構成する建物では、淳仁天皇・孝謙上皇の御在所を構成する殿舎とは異なり、官衙の主要な建物や区画施設には平城宮と同笵の軒瓦などによって瓦葺されたものが少なくなかったものと推測される。

なお、平城宮・京から近江の保良宮・保良京への遷都した主要な要因は、『続日本紀』は平城宮の改作によることを記している。しかし、二節で記したように、その歴史的本質は、安禄山の乱が起こった唐王朝の政治的な混乱に対し、藤原仲麻呂が渤海と連絡を密にしながら、新羅出兵を計画したことによるものであったとみてよい。それだけに、保良宮の施設には、戦いに備えて多くの武器を貯蔵する兵庫、食糧を貯蔵する倉庫群が少なからず構築されたものと推測されるのである。

おわりに

小稿では、保良宮全体の構造、保良京の位置や条坊にはほとんど言及することがなかったので、少しふれておくことにする。

保良宮は、石山寺の北に設けられた宮都であった。石山寺の北に所在する二つの台地のうち、南の田辺台地に保良宮の御在所が構築され、その北の石山国分台地に諸官衙が設けられたものと推測される。そして、その北にあたる北大路の北側一帯に保良京が造営されたものとみなされる。これらの配置は、平城宮の南に平城京が造営されたのとは、ほぼ逆の配置形態であった。

保良宮は、天平宝字八年（七六四）九月におこった藤原仲麻呂の乱後、諸官衙と御在所は解体されることになった。この解体と少なからず関連することに、孝謙天皇によって請願された西大寺と西隆寺の造営がある。

西大寺の造営は、『西大寺流記資財帳』によると、孝謙上皇は藤原仲麻呂が反乱をおこしたが、僅か七日にして勝利を得たのは仏菩薩の加護によるものと深く信じ、この仏恩に報いるために金銅の四天王像四躯を鋳造し、堂塔に安置することを請願し、西大寺が建立されたという。この西大寺の造営には、藤原仲麻呂の没官領と仲麻呂の主導によって造営された保良宮の殿舎が解体され、西大寺の堂塔の構築のために漕運された可能性が高いであろう。

また、称徳天皇が建立を請願した尼寺に西隆寺（さいりゅうじ）がある。この西隆寺の造営にも、藤原仲麻呂の没官田二百町、藤原御楯の没官田一百町が寄進されたことが『続日本紀』神護景雲二年（七六八）五月辛未条に記されている。

保良宮の諸官衙や御在所の建物は、瀬田川河畔に構築されたことからすると、大半は解体され、瀬田川、宇治川、木津川を経由して平城京へ漕運され、西大寺と西隆寺の堂塔の構築に再利用されたものと思われる。

このように推測すると、石山国分台地に構築された保良宮の諸官衙の建物は、ほとんどは解体され、掘立柱建物の柱材は抜取られたであろう。また、田辺台地には、淳仁天皇・孝謙上皇の御在所に構築された殿舎（掘立柱建物）の柱材を抜取った多くの柱穴が遺存するものと思われる。近い将来、これらの御在所の掘立柱建物に対し、計画的に発掘し、殿舎の配置や規模が明らかになることを期待したい。

註

（1）瀧川政次郎「保良宮考」（『京制並びに都城制の研究』（角川書店　一九六七年）で、由義宮と同様に、保良京にも京職が置かれたとみなしている。
（2）『大日本古文書』四―五二三・五二四。
（3）『大日本古文書』五―二七二・二七三。保良宮の造営にともなう石山寺の造営過程は、福山敏男「奈良時代に於ける石山寺の造営」（『日本建築史研究』（桑名文星堂　一九四三年）に詳細に記されている。
（4）『大日本古文書』五―五八・五九。
（5）天平宝字六年十二月一日に建てられた多賀城碑には、「天平宝字六年歳次壬寅参議東海東山節度使従四位上仁部省卿兼按察使鎮守将軍藤原恵美朝臣朝獦」と記されており、藤原朝獦は東海東山節度使であったとみなされる。
（6）藤原宮の屋瓦を焼成した石山国分瓦窯は、石山国分台地の東端付近の南裾部に設けられている。この台地上に建立された国昌寺にも葺かれている。大津市教育委員会「石山国分遺跡発掘調査報告書―個人住宅建設に伴う瓦窯の調査―」（『大津市埋蔵文化財調査報告書』九二　二〇一五年）二〇一一年（平成二三）七月に発掘調査され、窯体二基が検出されている。この瓦窯の屋瓦は、
（7）図63は住友活機園の洋館を南から撮ったもの。園内は広い平坦地をなしている。活機園を造営した伊庭貞剛氏は、田辺台地の地形を著しく変形することはなかったようである。図67は、住友活機園の北にある御霊神社付近から、台地上の活機園の洋館を臨んだものである。奈良時代に造営された保良宮の淳仁天皇の御在所の殿舎は、台地の周辺から住友活機園の洋館のように見えたであろう。

(8) 図65は、住友活機園が設けられた田辺台地を、東海道新幹線・名神高速道路越しに、南から撮ったもの。西側(左)が僅かに高いが、ほぼ同一の高さの台地が二五〇メートルほど延びている。保良宮の淳仁天皇・孝謙上皇の御在所は、写真の西側に写る住宅地の西端まで広がりをもったとみなされる。東側の住友活機園の地に淳仁天皇の御在所、西側に孝謙上皇の御在所が併置されていたものと推測される。なお、東海道新幹線・名神高速道路は、田辺台地の南側三分の一を断ち切っている。

(9) 晴嵐小学校の敷地にあった礎石の一部は、小学校の北にある西方寺の境内に保管されている。礎石には、「へそ石」と同様に、柱座を造出している。詳細は、西田弘「国昌寺跡」(『近江の古代寺院』一九八九年)に記されている。

(10) 図80は、田辺台地の東北端部の南側を、東西に横断する東海道新幹線を西から撮ったものである。この南に接して名神高速道路が台地をさらに切断して通過している。

(11) 淳仁天皇、孝謙上皇が御在所に滞在したのは、天平宝字五年(七六一)一〇月十八日から天平宝字六年(七六二)五月二三日まで、僅か七ヶ月余と一年にも満たないものであった。このように滞在期間は短かったのは淳仁天皇と孝謙上皇が不和になった結果であった。藤原仲麻呂が保良宮・京を本拠地として、新羅征討を挙行する計画であったことからすると、それに相応しい都城の造営を計画したものと推測される。淳仁天皇・孝謙上皇の御在所の造営はほぼ完成し、大半の殿舎は構築されていたものと考える。

(12) 「石山牒案」は『大日本古文書』十五—二一四。「草原島守啓」は、『大日本古文書』十五—四六七。

(13) 前掲註2と同じ。

(14) 保良宮跡に対する研究は、長年月を経過している。しかし、小稿を執筆する直接的な契機は、平成二七年（二〇一五）五月十五日、重要文化財の住友活機園を見学し、かつて田辺台地上に、伊庭貞剛氏による活機園が広大な敷地を有し、じつに優れた眺望を有する台地に建てられていることを実感したことによる。

なお、掲載した図66の地図は、昭和四一年（一九六六）七月に作成された大津市都市計画図三〇〇〇分の一で、歴史地理学者の松田隆典氏の提供を受けた。また、保良宮・京に関連する文献の探索に際しては、皇子山を守る会が編集した『保良宮・保良京関係の文献資料集』（二〇〇五年）に負うところが少なくない。記して感謝します。

古代近江の三都——エピローグ

大津市の東南部、瀬田川の河口から南六キロ下った南郷の地の瀬田川河畔の地に著者は住んでいる。八世紀の後半、淳仁天皇は、近江の保良宮・京へ遷都した。そのとき、石山寺の大増改築工事も行われた。自宅付近からは、その際に多量の建築資材を求めた田上山が瀬田川越えに一望できる。保良宮・京の造営に要した大量の木材伐採地は、残念ながら記録に残っていない。

しかし、木材の輸送を考えると、琵琶湖岸の各地と瀬田川に近い右岸の石山の伽藍山、南郷の袴腰山（はかまごしやま）一帯、さらに下って立木山から大石地域が対象になったであろう。

この瀬田川の河口に近い石山の地に瀬田唐橋がある。瀬田唐橋は、古代には勢多橋と呼ばれ、六七二年（天武元）に起こった壬申の乱では、近江朝軍と大海人皇子軍との最後の決戦が、この橋を挟んで展開したところである。

瀬田唐橋からは、北に琵琶湖の南湖の一部が見える。また南を望むと、四〇〇メートルに田辺台地の東端部に建つ住友活機園の洋館を眺望できる。著者は保良宮の淳仁天皇の御在所はここに所在したと想定している。その西に隣接し孝謙上皇の御在所もあったであろう。保良宮・京へ遷都したときの政治の中心舞台は、まさに瀬田唐橋のすぐ西岸の地域だったのである。

この瀬田唐橋の東詰から北へ折れ、少し進んだところが幅広い瀬田川の河口である。現在は琵琶湖漕艇場がある。ここからは、西方に比叡山の連峰が一望に望める。その山裾に大津宮の宮都が造営され、周辺に官人らの邸宅が群居していたのである。

大津宮は、六六三年(天智二)の白村江の戦いで敗戦した後、唐・新羅による進攻に対処して遷都した宮都であった。

大津宮は長く所在地が不明だったが、一九七九年(昭和五四)以降の発掘の進展によって、錦織で遺構が見つかってきている。『扶桑略記』に所収する「崇福寺縁起」に、大津宮の乾(いぬい)(北西)の地に崇福寺を建てたという記載とよく合っている。

往時は、大津宮のすぐ東に大津の港津があり、大宮人を乗せた舟や多くの諸物資を漕運する船舶が往来していたのである。このような光景は、大和の宮都では見られないものだった。琵琶湖の西岸に造営された大津宮は、比叡山の要害に護られ、しかも畿内・西国、また越（北陸）や東山・東海などの東国諸国とのつながりをもちうる交通の要衝の地であった。

七六一年（天平宝字五）一〇月、琵琶湖岸に近い石山の地に造営した保良宮・京に遷都したのも、ここも水陸の交通の要衝の地であり、また近くの瀬田に近江国の政務を担う近江国衙があったからであろう。

しかも、この保良宮・京の遷都は、藤原仲麻呂が大師（太政大臣）と近江守を兼務していたことも重視される。その三年後、仲麻呂の乱がおこった。そのとき、仲麻呂軍は平城京から脱出し、近江国衙へ入るつもりだった。しかし、追撃した孝謙上皇軍は先回りし、勢多橋を焼いて阻止したのである。

もし、仲麻呂が近江守として勢多川（瀬田川）をよく周知し、勢多橋から六キロ下流の簗漁をしている浅瀬の供御瀬に迂回すれば、川を容易に渡り、近江国衙へ入ることができた可能性がある。しかし、仲麻呂軍は高島郡への道を進んで敗死したのである。

それに先立ち、七四二年（天平十四）、聖武天皇は近江国甲賀郡に紫香楽宮の離宮を造営した。盧遮那仏の造立を進めるためだった。その後、甲賀郡に甲賀宮が造営され、遷都している。甲賀郡は近江では唯一の琵琶湖に面しない郡である。

近江国衙の官人らは、紫香楽宮・甲賀宮への連絡は、瀬田の国衙から石部に出て、野洲川沿いに進み、三雲を経由するか、瀬田から南下して大戸川沿いの小径を進んだであろう。前者は約二八キロ、後者は一六キロほどの行程だった。

しかし、紫香楽宮・甲賀宮の造営は、恭仁宮・京をもとに構想されたものだった。七四五年（天平十七）、聖武は、甲賀宮の地から平城宮・京に還都した後、ここに近江国分寺を建立させたものと推測されている。もし、そうだとすると、国衙から遠い地に近江国分寺は建立されたことになる。

さて、本書の第一部は、二〇一九年（平成三一）一月二〇日から（令和元年）十二月二十二日まで、「新説　古代近江の三都を探訪する」と題し、『滋賀民報』に隔週で二十六回にわたって連載したものである。本書への掲載には多くの挿図を加えることにした。そして、その中に守山市在住の金山雅幸画伯の絵も掲載させていただいた。

また第二部第一章の「大津宮とその構造」は、吉村武彦・山路直充編『都城　古代日本のシンボリズム』（青木書店　二〇〇七年）に所収された「大津宮・大津京と紫香楽宮」のうち、大津宮・京に関連する部分を、タイトルを変えて採録したものである。

続く第二章の「紫香楽宮と甲賀宮」は新たに執筆したもの、第三章の「近江保良宮の造営とその擬定地」は、『日本考古学』第十二号（二〇一六年）に掲載したものを、そのまま収録したものである。ただし、第二部の挿図は、第一部と重複するものを避け、ごく一部にとどめている。

本書の刊行では、金山雅幸氏と、新型コロナウイルスの感染症拡大で社会が混乱するなか、スムーズに刊行を進めていただいたサンライズ出版の岩根順子氏・矢島潤氏の両氏に心からお礼を申します。

二〇二〇年十二月

小笠原　好彦

引用文献

足利健亮「勢多橋と古代官道」『勢多唐橋』六興出版　一九九〇年
皇子山を守る会『保良宮・保良京関係の文献資料集』二〇〇五年
大井重二郎『上代の都』立命館出版部　一九四四年
大津市『大津市史』上巻　一九四二年
大津市教育委員会「大津市遺跡分布地図」『大津市埋蔵文化財調査報告書』三二　二〇〇一年
大津市教育委員会「石山国分遺跡発掘調査報告書」『大津市埋蔵文化財調査報告』三三　二〇〇二年
大津市歴史博物館『古都大津・歴史シンポジウム　近江・大津になぜ都はいとなまれたのか—大津宮・紫香楽宮・保良宮—』二〇〇四年
小笠原好彦編『勢多唐橋　橋にみる古代史』六興出版　一九九〇年
小笠原好彦『聖武天皇と紫香楽宮の時代』新日本新書　新日本出版社　二〇〇二年
岸俊男『藤原仲麻呂』（人物叢書）吉川弘文館　一九六九年
岸俊男『NHK大学講座　日本の古代宮都』日本放送出版協会　一九八一年
京都府教育委員会『恭仁宮跡発掘調査報告』Ⅱ　二〇〇〇年
小松葉子「近江国滋賀郡瀬田川西岸における古代道路の復元—保良京とその周辺遺跡をめぐって—」『紀要』第二三号　財団法人滋賀県文化財保護協会　二〇一〇年
小松葉子「滋賀県大津市国分所在礎石『へそ石』の周辺」『紀要』第二五号　財団法人滋賀県文化財保護協会　二〇一二年

栄原永遠男「国府と保良宮」『新修大津市史』第一巻　大津市　一九七八年
鷺森浩幸「八世紀の流通経済と王権―難波と勢多―」『古代王権と交流五　ヤマト王権と交流の諸相』名著出版　一九九四年
鷺森浩幸「造石山寺所の給与体系と保良宮」『正倉院文書研究』一二　二〇一一年
滋賀県『滋賀県史』第一巻・第二巻　一九二八年
滋賀県教育委員会『平成十三年度　滋賀県遺跡地図』二〇〇二年
柴田實「近江国分寺」角田文衛編『国分寺の研究』一九三七年
柴田実・島田暁『近江国分寺跡発掘調査概報』大津市教育委員会　一九六一年
柴田実・島田暁「国分寺跡」『東海道新幹線増設工事に伴う埋蔵文化財発掘調査報告書』日本国有鉄道　一九六五年
鈴木拓也「国境の城と碑」『文字と古代日本二　文字による交流』吉川弘文館　二〇〇五年
瀧川政次郎「保良宮考」『史学雑誌』第六四巻第四号　一九五五年。後に、瀧川『京制並びに都城制の研究』（角川書店　一九六七年）に所収
瀧川政次郎『京制並びに都城制の研究』角川書店　一九六七年
瀧浪貞子『最後の女帝　孝謙天皇』吉川弘文館　一九九八年
奈良国立文化財研究所「平城宮発掘調査報告Ⅶ」『奈良国立文化財研究所学報』第二六冊　一九七六年
奈良国立文化財研究所「平城宮発掘調査報告XIII」『奈良国立文化財研究所学報』第五〇冊　一九九一年
西田弘「国昌寺跡」『近江の古代寺院』近江の古代寺院刊行会　一九八九年
西田弘「膳所廃寺」『近江の古代寺院』近江の古代寺院刊行会　一九八九年

橋本義則「恭仁宮の二つの『内裏』―太上天皇案再論―」『山口大学文学会志』二〇〇一年
林博通「近江国分寺に関する発掘調査」『新修国分寺の研究』第三巻　吉川弘文館　一九九一年
林博通「保良宮小考」『考古学と文化史』（安井良三博士還暦記念論集）一九九四年
肥後和男「近江国分寺址」『滋賀県史蹟調査報告』第五冊　滋賀県　一九三三年
平井美典「石山国分遺跡出土瓦の覚書」『紀要』第九号　財団法人滋賀県文化財保護協会　一九九六年
福山敏男「奈良朝に於ける石山寺の造営」『宝雲』第五冊・第七冊・第一〇冊・第一二冊（一九三三年）、後に福山『日本建築史研究』（桑名文星堂　一九四三年）に所収
福山敏男『日本建築史研究』桑名文星堂　一九四三年
村井康彦『古京年代記』角川書店　一九七三年
八木充『古代日本の都』講談社　一九七四年
山田昌功「瀬田川流域の文献学的調査」『瀬田川』滋賀県教育委員会　一九八三年
横田健一「北京と西京―保良宮と由義宮」『歴史公論』一〇月号　雄山閣　一九七六年

図版出典

口絵　大津宮の内裏正殿跡（西から）
白鳳の甍（崇福寺跡、金山雅幸画）
甲賀寺跡（金山雅幸画）
竜門奉先寺の盧舎那仏（東から）

図1　岸俊男『日本の古代宮都』岩波書店　一九八一年
図5　中尾芳治・佐藤興治・小笠原好彦編著『古代日本と朝鮮の都城』ミネルヴァ書房　二〇〇七年
図6　柴田實『滋賀縣史蹟調査報告』第一〇冊
図7　林博通『大津京跡の研究』思文閣出版　二〇〇一年
図8　林博通『大津京跡の研究』思文閣出版　二〇〇一年
図10　金山雅幸画
図11　林博通『大津京跡の研究』思文閣出版　二〇〇一年
図15　大津廃寺の軒丸瓦（大津市教育委員会提供）
図16　川原寺跡
図18　小澤毅『日本古代宮都構造の研究』青木書店　二〇〇三年
図19　小澤毅『日本古代宮都構造の研究』青木書店　二〇〇三年
図25　大阪市教育委員会・大阪市立博物館『遷都一三五〇年記念　難波宮』大阪市立博物館　一九九五年
図26　足利健亮『日本古代地理研究』大明堂　一九八五年

図30　『新修　大津市史』第一巻
図41　南面回廊跡の発掘
図42　肥後和男『滋賀縣史蹟調査報告』第四冊
図43　甲賀市教育委員会提供
図46　甲賀市教育委員会提供
図47　甲賀市教育委員会提供
図48　甲賀市教育委員会提供
図53　奈良国立文化財研究所『平城宮跡発掘調査報告』XIII
図56　『近江名所図会』
図58　大津市教育委員会『石山国分遺跡発掘調査報告書』二〇〇二年
図59　大津市教育委員会『石山国分遺跡発掘調査報告書』二〇〇二年
図68　西田弘氏による
図69　林博通『大津京跡の研究』思文閣出版　二〇〇一年
図71　『条里制・古代都市研究』第二九号　条里制・古代都市研究　二〇一四年
図72　甲賀市教育委員会提供
図73　甲賀市教育委員会提供
図74　甲賀市教育委員会提供
図77　小松葉子二〇一〇論文
図79　滋賀県教育委員会『平成十三年度　滋賀県遺跡地図』
表1　井上薫『日本古代の政治と宗教』吉川弘文館　一九六一年

著者プロフィール

小笠原好彦（おがさわら・よしひこ）

1941年　青森市生まれ
1966年　東北大学大学院文学研究科修士課程修了
奈良国立文化財研究所主任研究官、滋賀大学教授、明治大学大学院特任教授を経て、現在、滋賀大学名誉教授、博士（文学）

主要著書

『近江の考古学』（サンライズ出版　2000年）
『日本古代寺院造営氏族の研究』（東京堂出版　2005年）
『聖武天皇が造った都』（吉川弘文館　2012年）
『日本の古代宮都と文物』（吉川弘文館　2015年）
『古代豪族葛城氏と大古墳』（吉川弘文館　2017年）
『検証　奈良の古代遺跡』（吉川弘文館　2019年）
『検証　奈良の古代仏教遺跡』（吉川弘文館　2020年）

古代近江（おうみ）の三都

大津宮（おおつのみや）・紫香楽宮（しがらきのみや）（甲賀宮（こうかのみや））・保良宮（ほらのみや）の謎を解く

2021年２月25日　初版第１刷発行

著　者　小笠原好彦
発行者　岩根順子
発行所　サンライズ出版
〒522-0004
滋賀県彦根市鳥居本町655-1
電話0749-22-0627　FAX0749-23-7720

印刷・製本　サンライズ出版株式会社

ISBN978-4-88325-715-7